POLÍGLOTA VI
EL ARCHIPIÉLAGO
DE LOS VOCABLOS

PETER E. BROWNE
Ph. D.

EDITORA CAMPAMOCHA

Una edición
preparada, impresa y
publicada por:

SERIE:
THE WORD

TOMO:
POLÍGLOTA VI
<u>**EL ARCHIPIÉLAGO DE LOS VOCABLOS**</u>

AUTOR:
PETER E. BROWNE Ph. D.

EDITORA CAMPAMOCHA

POLÍGLOTA VI
EL ARCHIPIÉLAGO
DE LOS VOCABLOS

PETER E. BROWNE Ph. D.

DEDICATORIA:

A Loashu y a Loki,
argonáutas de los idiomas.

PRÓLOGO

EN este sextovolúmen de la serie "POLÍGLOTA", se procura reunir en un solo tomo todos los idiomas en que la obra del Doctor PETER E. BROWNE ha sido traducida hasta la fecha, en mayor o menor cuantía y de acuerdo a su extensa producción literaria, pero que refleja un intento personal por usar el mayor número de idiomas en los que él, Peter Browne, ha podido conjuntar con la ayuda invaluable de todos sus amigos esperantistas, sus comocidos políglotas o sus seguidores en el You Tube que también han contribuidos con este esfuerzo para multiplicar los trabajos del Dr. Browne.

Creo que todos aquellos que conocemos a Peter E. Browne, ya sea en su entorno natural, o sea el mundo académico, de manera personal o así a través de las redes cibernética, sabemos de su capacidad intelectual y lingüística para estudiar ¡y practicar con auténtica efectividad, además!, todos aquellos idiomas que le han provocado interés y en un momento específico. Teniendo que coincidir sin objeciones con otro excelente políglota, escritor y político portugués, Manuel de Seabra, cuando dijo sobre este autor: "Así como otros hombres coleccionan objetos, Peter Browne colecciona idiomas..."

De ahí sus asombrosos escudriñamientos -con auténtico aprovechamiento en la comprensión, etimologías y aplicación didáctica sobre el multilingüismo- del ruso, el hebreo, el chino, el alemán, el francés, el ido, las lenguas exóticas como el volapük, las autóctonas como el náhuatl, el latín, las romances como el portugués, el catalán y el gallego; sin mencionar su dominio pleno del inglés, el esperanto y el español, lengua de la cual, por cierto, es profesor en la Universidad Pan Americana del sur de Texas con una comunidad predominantemente hispano parlante.

Por lo consiguiente, vale reiterar que en este conjunto lingüístico va una parte muy pequeña de la exhuberante obra del poeta Peter E. Browne que, sin petulancias, refleja el esfuerzo, la cultura y la enorme dedicación por el estudio del hombre sin pretensiones fatuas, pero indudablemente sobredotado para los idiomas.

S.D.

INGLÉS

CÓMO ME HICE POLÍGLOTA

HOW IT ALL GOT STARTED. It's hard to say. Most of my early gurus were not people I knew in person. Sir Richard Burton, Mario Pei, Miguel de Unamuno...the virus came from that direction. As mentioned in several of my videos, my father was a military linguist, a fact which certainly lend itself to my getting infected. Also, growing up around the university, I grew up around languages. In college I had classmates who spoke Persan, Swahili, etc.. I would tend to pick up bits and pieces of the languages from them. Than in graduate school, where I was a TA in Spanish for almost a decade, I constantly heard French and German spoken around the Department. There was a weekly Table Française and a Stamtisch as well as the Mesa Española; I would frequently show up for all three. Language tables are the next best thing to actually being in the country, believe me. At least the type of Language tables which flourished in Lincoln Nebraska in the 1980s. Then I had to take two semesters of Latin for my Ph.D. program, a very good thing indeed.

LATER MOTIVATION. In the 1990s I was more focused on Spanish. I spend a lot of time in Mexico and considered it my "segunda patria". However, it is hard to spend a lot of time in Mexico without noticing the influence of Nahuatl; hence my current interest in that language. I studied some German during that decade and wrote quite a few travelogues and short stories in Esperanto, but my main focus was on fluency in Spanish. The only really exotic language I was starting to pick up was Finnish, due to a summer in Finland (1995). Sometimes upon returning from places like Monterrey, I would even converse with the US border guards in Spanish. Monterrey is supposed to be a bilingual city, but in the 1990s hardly anyone there would try to practice their English on me, simply because of my great fluency level in Spanish. So why a return to ongoing multilingualism with the coming of the 21st century? A number of things came together. Arabic was offered as a UTPA nongraded night class in 2005. I signed up. The first teacher was from Saudi Arabia, but he seemed more creative, fun loving and even open minded than many American instructors. So I found myself actually learning this language. About the same time I came across Rice's biography of Burton—wow! again, I wanted to be like that guy as much as possible! Around the same time I discovered Pimsleur language courses, and found that they worked for me! Chinese was first offered at UTPA in 2006; I was sitting in the very first semester. The third exotic language I started working on was Russian. From there it kind of mushroomed. The most recent stimulus has been discovering Laoshu's videos on youtube. He is the first hyperpolyglot I actually corresponded with. Later I established contact with Loki, and others.

A BRIEF AUTOBIOGRAPHY. I was born on the border (El Paso, Texas). For this reason I always felt I was sort of Mexican. In recent years I have returned to El Paso and spoken a lot of Spanish there. I love being out there. The Chihuahuan desert is overwhelming. However, I actually grew up in other parts of the country, like Montana, Oregon, and Nebraska. It seems like from early childhood on my life was always centered around the university. Because universities are usually far more cosmopolitan than local communities, I found I could fit in better on campus. Becoming a professor was a natural desision. Spanish has a rich literature, and was capable of holding my interest. I first started teaching Spanish at the University of Nebraska in 1982, when I wasn't much older than most of my students. In 1984 I was teaching English in Spain (Santiago de Compostela), and sitting in on university classes, some of which were taught in Gallego. It was there that I read the entire New Testament twice in Latin, while watching rain pour down unceasingly into the inner courtyard. I also read it in Gallego. I spend 1991 bumbing around Connecticut and wrote two books in Esperanto. From 1992 to 1993 I was teaching in Chattanooga Tennesee. I came to the University of Texas—Pan Americna in 1993, and have been here since, spending many summers in Mexico.

A UN TAL LUGAR
THAT KIND OF PLACE

Never go down, to That Kind of Place,
for it is no realm of good things.
Do not mistake it for a subterranean refuge;
do not search the benign in its shadows.
What is hiding in the deepest dark?
Creatures best left unnamed.
I have no doubt, that there in near corners,
the deer men keep standing
and rabbit men lurk with menace.
If you go down, to That Kind of Place
your blood will fall prey to the Coldness.
Never risk going down, to That Kind of Place.
Never risk losing it, your living soul:
certainly the scorpion men will carry it off
and hide it beneath the dust, of most dark time.

— wilber, nebraska, 1999

PRIMAVERA COMPOSTELANA
COMPOSTELA SPRINGTIME

In 1000 hues
sacred and charming
you extend your wreath of green
over hills
everlasting and delightful.
You extend your sacred mantle
over vast centuries.

You resound
in the enchanting quiet
of your ancient stones.
My soul is pleased
in all your pilgrim scenery
in your Jacobean past
in your obscure oak trees
in the mysteries
of your ondulations.

Ah, your green hills.
Ah, your Compostelan awakenings.

LA NUEVA INGLATERRA
NEW ENGLAND

In order to be truly gothic
in this little corner of planet earth
no Holliwood films are needed
nor headless horsemen crashing through the dour dusk.
Indeed in my deep bad woods
many a tree suggests a twisted praying mantis.
Stone walls follow dead centuries
down into true sleeping hollows
and oblivion vast as nighttime.
Skeletons of cars lie in the snow
—they are dark, sad and anachronistic,
the lurking husks of time destroyed.
Maybe the world is just another corpse
lying in the snow, toward the end of time.
I walk far into silent winter
and think phantom thoughts to suit me.

HIJO DE LA NOCHE
CHILD OF THE NIGHT

I shroud myself with nighttime distance,
a serenity of dark centuries.
I walk in the vastness of the night
of the ancient night, and the night unborn.

I am a child of the night.
A child of roads without Man,
without human voices,
but with stars like an endless sea.
A child of constellations,
above black sierras,
of silver mythologies, hovering in eternity.

I am a child of The Way.
Who when alone is not alone,
knowing that the Babylonian owls
are also children,
and the scorpion men,
who forever roam the deep.

EL CAMINO HACIA ZACATECAS
THE ROAD TO ZACATECAS:

how it twists on with slowness,
with delectation, beneath the savage hills
of an uncanny evening!
The brown green nopales grow most high
like macabre and otherwordly trees
possessed of an ancient vigilance.
This is a world beyond Man.
The vast thorn brush speaks of other creation,
of Martian and limitless solitude.
We navigate dream time in the dusk,
we go onward into sinister and crepuscular shadows.
Do not abandon me, oh gothic evening!
Don not abandon me, oh road to Zacatecas!

EL BOSQUESILLO ESPINOSO
THE THORNBRUSH

And yet: let a poem be born here.
Here, in this isolation.
Up on this hillock
where there are only dwarfs
possessed of thorns, one and all,
and where leaves even grow, systematically,
out of truly locoed thorns.
Let a poem be born in strange green
springtime, with Texas down below,
dreaming of Streets of Laredo.
Up here let it be born among thorn trees
the sentinels of sinister silence
with a horned toad lurking
almost anachronistically, an ancient idol.

LOS GUERREROS JAGUAR
THE JAGUAR WARRIORS

Behold them, the jaguar warriors:
they walk among bright colored spaces.
Fierce, elegant and swift:
they slay the banal things in the universe.

Jaguars like jewels you are
in a world of painted charm.
Your cry out, you jump forth
you strike the eye most quickly.

Be splendid, oh jaguars! Live on,
prosper greatly. In the kingdom,
in this cosmos, which Diego Rivera
seemingly painted just yesterday.

**OOTHECA
OOTHECA**

A nest of the sinister,
oh, there in your cobb-webbed garden.

A lurking uterus,
there in the twisted shrub-tree.
A science fiction presence—
is the ootheca living?

Soon tiny alien warriors
will spring forth for combat.
So many Amazons born to kill
organic guillotines
for the male of the species.

There in the garden, a time bomb.
Waiting to scatter its horror show.
Beware, my friends, the ootheca.

INDONESIO

CÓMO ME HICE POLÍGLOTA

BEGINILAH AWAL MULANYA. Sulit untuk diceritakan. Awalnya sebagian besar guru-guru itu adalah orang-orang yang tidak saya kenal secara dekat. Sir Richard Burton, MarioPei, Miguel de Unamuno... virus ini dating dari arah itu. Seperti yang sudah disebutkan dalam beberapa video saya, ayah saya adalah seorang ahli bahasa militer, sebuah fakta yang jelas menceritakan kenapa saya sampai terinfeksi. Selain itu, karena tumbuh di lingkungan universitas, saya tumbuh dengan banyak bahasa. Di perguruan tinggi teman sekelas saya berbicara bahasa Persia, Swahili, dan lain-lain. Akhirnya saya ikut ikutan memakai sepotong-sepotong bahasa mereka. Saat di sekolah pascasarjana, di mana saya menjadi seorang asisten pengajar bahasa Spanyol selama hampir satu dekade, saya banyak mendengar orang berbicara bahasa Perancis dan Jerman dalam jurusan itu. Ada Tabel mingguan bahasa Prancis, Jerman dan Spanyol, dan saya sering unjuk gigi dengan ketiga bahasa tersebut. Tabel-tabel bahasa adalah hal terbaik berikutnya yang ada di negeri ini, percayalah pada saya, setidaknya jenis tabel Bahasa yang berkembang di Lincoln Nebraska pada 1980-an. Kemudian saya harus mengambil pelajaran bahasa Latin selama dua semester untuk program Ph.D. saya, dan ini adalah hal yang sangat bagus.

MOTIVASI BERIKUTNYA. Pada 1990-an saya lebih fokus

pada bahasa Spanyol. Saya menghabiskan banyak waktu di Meksiko dan menganggapnya sebagai "negara kedua" saya. Namun, sulit untuk menghabiskan banyak waktu di Meksiko tanpa memperhatikan pengaruh Nahuatl; yang saat ini menjadi ketertarikan saya pada bahasa. Saya mempelajari sedikit bahasa Jerman selama dekade itu dan menulis beberapa kisah perjalanan dan cerita pendek dalam bahasa Esperanto, tetapi fokus utama saya adalah tetap pada kelancaran berbahasa Spanyol. Satu-satunya bahasa yang benar-benar eksotis yang saya pelajari adalah bahasa Finlandia, saat musim panas di Finlandia (1995). Kadang-kadang setelah kembali dari tempat-tempat seperti Monterrey, saya bahkan berbicara dengan para penjaga perbatasan AS dengan bahasa Spanyol. Monterrey seharusnya sebuah kota bilingual, tapi pada 1990-an hampir tidak ada orang di sana yang mencoba untuk berlatih bahasa Inggris dengan saya, karena saya fasih dalam bahasa Spanyol. Jadi, kenapa kembali pada multilingualisme dalam kedatangan abad 21? Beberapa hal dating bersama-sama. Bahasa Arab ditawarkan sebagai UTPA non gelar kelas malam di tahun 2005. Saya sudah mendaftar. Guru pertama adalah dari Arab Saudi, tetapi ia tampak lebih kreatif, romantis, dan bahkan berpikiran terbuka lebih dari instruktur Amerika. Jadi saya benar-benar menikmati mempelajari bahasa ini. Pada saat yang bersamaan, saya membaca biografi Rice Burton -wow! Lagi-lagi saya ingin sebisa mungkin menjadi seperti orang itu! Pada saat yang bersamaan juga saya menemukan kursus bahasa, Pimsleur, dan menemukan bahwa mereka bekerja untuk saya! Bahasa China adalah yang pertama kali ditawarkan di UTPA pada tahun 2006, dan saya mengambilnya di semester pertama. Bahasa eksotis ketiga yang saya pelajari adalah Rusia. Dari situ semuanya mulai berdatangan. Motivasi yang terbaru adalah setelah saya menemukan video Laoshu di youtube. Dia adalah hyperpolyglot pertama yang sempat saya hubungi. Kemudian saya menjalin hubungan dengan Loki, dan juga dengan yang lainnya.

OTOBIOGRAFI SINGKAT. Saya lahir di perbatasan (El Paso, Texas). Karena itu, saya selalu merasa saya sedikit menjadi orang Meksiko. Dalam beberapa tahun terakhir saya telah kembali ke El Paso dan berbicara banyak dalam bahasa Spanyol di sana. Aku suka tinggal di sana. Gurun Chihuahua sangat luas. Namun, saya benar benar tumbuh di bagian lain negara ini, seperti Montana, Oregon, dan Nebraska. Tampaknya sejak kecil, kehidupan saya selalu berpusat di lingkungan universitas. Karena universitas biasanya jauh lebih kosmopolitan jauh dari masyarakat lokal, saya pikir saya lebih cocok dengan kampus. Menjadi seorang profesor adalah sebuah keputusan alami. Bahasa Spanyol memiliki sastra yang kaya, dan mampu menarik minat saya. Saya pertama kali mengajar bahasa Spanyol di Universitas Nebraska tahun 1982, ketika itu saya tidak jauh lebih tua dari sebagian besar mahasiswa saya. Pada tahun 1984 saya mengajar bahasa Inggris di Spanyol (Santiago deCompostela) di kelas-kelas universitas, di mana beberapa diajarkan dalam bahasa Gallego. Di sanalah saya membaca seluruh kitab Perjanjian Baru dua kali dalam bahasa Latin, sambil meyaksikan hujan turun tak henti-hentinya di halaman dalam. Saya juga membacanya dalam bahasa Gallego. Saya menghabiskan tahun 1991 di Connecticut dan menulis dua buku dalam bahasa Esperanto. Dari tahun 1992 hingga 1993 saya mengajar di Chattanooga Tennesee. Saya datang ke Universitas Texas - Pan American pada tahun 1993, dan semenjak itu menetap di sini, serta menghabiskan masa-masa musim panas di Meksiko.

PRIMAVERA COMPOSTELANA
MUSIM SEMI COMPOSTELA

Dalam ribuan warna
yang suci dan menawan
Kau perpanjang karangan bungamu
melewati bukit-bukit
abadi dan menyenangkan
Kau perpanjang mantel sucimu
berabad-abad luas lamanya

Kau bergema
dalam ketenangan yang mempesona
dari batu-batu kunomu
Jiwaku bergembira
dalam pemandangan perjalanan sucimu
dalam masa lalu Jacobeanmu
dalam pepohonan ek-mu yang samar-samar
dalam misteri
gerakan gelombangmu

Oh, bukit-bukit hijaumu
Oh, terjaganya kompostelamu

A UN TAL LUGAR
TEMPAT SEPERTI ITU

Jangan turun ke Tempat Seperti Itu
karena itu bukanlah alam dari hal yang bagus.
Jangan salah mengira itu adalah tempat perlindungan bawah tanah
jangan mencari yang jinak dalam bayangannya
Apakah yang tersembunyi dalam kegelapannya
Mahluk terbaik yang tertinggal tanpa nama
Aku ragu dia ada di sudut-sudut ini
Manusia kijang tetap berdiri
Manusia kelinci mengintai dengan ancaman
Jika kau turun ke Tempat Seperti Itu
darahmu akan tumpah menjadi mangsa kedinginan.
Jangan pernah mencoba turun ke Tempat Seperti Itu
Jangan pernah mencoba untuk kehilangan jiwamu
tentu manusia kalajengking akan membawanya pergi
dan menyembunyikannya di bawah debu, masa yang tergelap

—wilber, nebras

Traducciones de Lorenzo Fang

HÚNGARO

CÓMO ME HICE POLÓGLOTA

HOGYAN IS KEZDŐDÖTT AZ EGÉSZ Nehéz megmondani. A legtöbb korai példaképem olyan ember volt, akit nem ismertem személyesen. Sir Richard Burton, Mario Pei, Miguel de Unamuno... tehát ebből az irányból jött a fertőzés. Ahogy néhány videómban említem is, az apám egy katonai nyelvész volt, ennek a ténynek biztosan nagy szerepe volt abban, hogy megfertőződtem. Mint ahogy annak is, hogy az egyetem körül nőttem fel, hiszen így nyelvek között voltam. A college-ban voltak osztálytársaim, akik perzsául, szuahéliül, stb. beszéltek. Hajlamos lettem dirib-darabokat eltanulni tőlük a nyelveikből. Aztán az egyetemen, ahol spanyolból tanársegéd voltam majdnem egy évtizedig, állandóan hallottam franciául és németül beszélőket a tanszék környékén. Volt egy hetenkénti Table Francais, egy Stamstisch, és egy Mesa Española is – gyakran jártam el mindháromra. Higgyétek el, a nyelvi klubok a második legjobb dolgok az országban, legalábbis az olyanok, mint amilyenek Lincoln-ban, Nebraskában, a '80-as években élték virágkorukat. Azután fel kellett vennem két szemeszter latint a Ph.D. programomhoz, ami igazán jó dolog volt.

KÉSŐBBI MOTIVÁCIÓ A '90-es években inkább a spanyolra koncentráltam. Nagyon sok időt töltöttem Mexikóban, és a második hazámnak tekintettem. Jóllehet nehéz Mexikóban sok időt eltölteni úgy, hogy ne vegyük észre a Nahuatl hatását –

innen a jelenlegi érdeklődésem e nyelv iránt. Ez alatt az idő alatt tanultam egy kicsit németül, és írtam jó pár úti beszámolót és novellát eszperantóul, de leginkább arra koncentráltam, hogy a spanyolom folyékony legyen. Az egyetlen igazán egzotikus nyelv, amibe belekezdtem, az a finn volt, egy Finnországban töltött nyár miatt (1995). Néha, amikor olyan helyekről tértem vissza, mint Monterrey, még az Államok határőreivel is spanyolul beszéltem. Monterrey egy kétnyelvű város lenne, de a '90-es években alig akadt valaki, aki angolul próbált volna velem beszélni, egyszerűen mert olyan jól beszéltem spanyolul. Hogy miért is tértem vissza az egyre inkább jelen levő többnyelvűséghez a XXI. század kezdetével? Jó néhány dolog közrejátszott. 2005-ben arabot indítottak az egyetemen, jegynélküli, éjszakai kurzus formájában. Jelentkeztem. Az első tanár Szaúd-Arábiából való volt, de sokkal kreatívabbnak, vidámabbnak tűnt számomra, mint sok amerikai tanár. Tehát ebből az lett, hogy tényleg elkezdtem tanulni a nyelvet. Nagyjából ezzel egy időben rábukkantam Rice nak a Burton életrajzára – huhh – és ismét olyan akartam lenni, mint ez a fickó, amennyire csak lehetséges. Körülbelül ekkor fedeztem fel a Pimsleur nyelvkurzusokat, és rájöttem, hogy nekem működnek. A UTPA-n először 2006-ban indítottak kínait, ott ültem a legelső szemesztertől kezdve. A harmadik egzotikus nyelv, amin elkezdtem dolgozni, az orosz volt. Azóta szinte csak úgy burjánzik. A legutóbbi ösztönző erő az volt, hogy felfedeztem Laoshu videóit a youtube-on. Ő az első hyperpolyglot, akivel ténylegesen kapcsolatba léptem. Azután kapcsolatba léptem Loki-val és másokkal is.

RÖVID ÖNÉLETRAJZ Az országhatáron születtem (El Paso, Texas). Ebből kifolyólag, mindig is mexikóinak éreztem magam egy kissé. Az utóbbi években visszatértem El Paso-ba és nagyon sokat beszéltem ott spanyolul. Nagyon szeretek ott kinn lenni. A Chihuahuan sivatag lenyűgöző. Mindezek mellett az ország más részein nőttem fel, például Montana-ban, Oregon-ban, Nebraska-ban. Úgy tűnik, mintha kora gyerekkoromtól fogva az egész életem az egyetem körül forgott volna. Mivel az egyetemek sokkal nemzetközibbek a helyi közösségeknél, úgy találtam, hogy jobban illek a kampuszra. A professzorrá válás magától értetődő döntés volt. A spanyolnak gazdag irodalma van, és képes volt fenntartani az érdeklődésemet. Először a nebraskai egyetemen kezdtem spanyolt tanítani 1982-ben, amikor még nem sokkal voltam idősebb a legtöbb tanítványomnál. 1984-ben angolt tanítottam Spanyolországban (Santiago de Compostela-ban), és beültem az egyetemi órákra, amelyek közül némelyik gallego nyelven folyt. Itt esett meg, hogy az egész Új Testamentumot kétszer elolvastam latinul, miközben az eső megállíthatatlanul zúdult a belső udvarra. Gallego nyelven is olvastam. 1991-et Connecticut-ban járkálva töltöttem, és két könyvet írtam eszperantóul. 1992-től 1993-ig Chattanooga-ban tanítottam, Tennesee-ben. A Texas-Pan American University-re jöttem 1993-ban, és azóta is itt vagyok, miközben sok nyarat Mexikóban töltöttem.

A UN TAL LUGAR
AZ OLYAN HELY

Sose menj oda, az Olyan Helyre,
mert nem jó dolgoknak helye az.
Ne keverd össze földalatti menedékkel,
ne keress jó szándékot az árnyai közt.
Mi bújik meg a legmélyebb sötétben?
Lények, melyeket jobb meg nem nevezni.
Nincs kétségem, hogy ott, a sarokban,
a szarvas-emberek figyelnek
és a nyúl-emberek lopódznak gonoszul.
Ha lemész oda, az Olyan Helyre,
a véred a Hideg prédája lesz.
Sose merészelj lemenni az Olyan Helyre.
Sose kockáztasd a lelked épségét:
a skorpió-emberek biztosan leviszik majd,
és eldugják a legsötétebb idők pora alá.

—wilber, nebraska, 1999

ODA A MARCIAL

Ó, római költő, te igazán isteni,
hadd dicsérjelek e boldog órán.
Mennyi fajankón gúnyolódtál
távoli világodban!
Sok gazember kiszenvedett tollad által.
Szép, de buta szajhákról írtál,
és üres, rondára festett hajú emberekről.

Ó költő! Ha most élhetnél, a jelenben,
ebben a villámgyorsan fejlődő korban,
egy fenséges évezred elérkeztében!

Mily szép is lenne, ó költő,
ha újrakezdenéd a munkád!
A fiatal lányoknak e csevegő csordája,
mindegyik a mobiljával összekötve,
bizony felfigyelnének a tolladra.
Az egyetemet neked találták ki,
együtt mulatnál a dékánnal,
és a többi zsarnokocskával.

Felséges költő! Ha láthatnád
e szenvedő évezred dicsőségét, nincs kétség,
egész biztosan észrevennéd,

hogy a hömpölygő századok
semmit sem változtattak az emberiség arculatán.

Traducciones de Imre Máté Jonás

ESPAÑOL

OH IDIOMA: MI IDIOMA

Oh idioma: mi idioma,
porque el inglés no es más que
tu pálido nieto
—oh idioma latina, que eres cual
bosque en dónde entrar—
cual antiguo bosque
con sendas entre
árboles increíblemente vetustas
pero con casonas sobre los cerros
residencias de los bisabuelos
en donde es posible entrar y hurgar.
Encontrar cosas tan memoriosas
que nos dejan atónitos
en la orilla de lo inconmensurable.

Quien te conoce —te conoce de verdad
te ama, te ama como se ama un manantial
en un espacio umbroso con suaves murmullos
que no se agota, ni se seca jamás
pase lo que pase en el mundo
sople el viento que sople.
Quien te ama, quien explora tus casonas
quien indaga en tu corazón
de las centurias,

ese deseará tu resurrección
tus hablantes nativos por todo orbe terrestre
y que hasta japoneses te hablen.
Deseará que seas su concha-escondite
y que pueda vivir en ti y contigo
con todo café matutino
que pueda vivir en ti y contigo
con cada puesta grandiosa del sol.
Por que eres vetusta y enorme
y enorme parque
en donde perderse para vivir de verdad.

—edinburg, texas; agosto 2010

EL PARAÍSO ENTRÓ EN UN AULA

El paraíso penetró en un aula
de la universidad.
Hey, hey, el paraíso.
Tan sólo en un aula
donde telarañas tejió
en los rincones
y sutiles nidos en la cabellera
de alguna que otra muchacha.

Desde lejos, en el pasillo,
me llegaba su aroma
pero el aula era escondite.
El paraíso se metió
en las fábulas de B. Traven
y entre las páginas de Cormac McCarthy.
Hey, hey, el paraíso.
El paraíso soñaba frágiles sueños
de tu frágil frontera.

-edinburgo, texas, agosto 2010

OOTHECA

Nido de lo siniestro
en tu jardín con telarañas
ahí en el arbusto.

Útero acechante
cual en película horrenda .
Nido cienciaficticio
de la cual saldrán cósmicas guerreras
listas para sempiterno combate.
Criadero de amazonas
que le comerán la cabeza
a los machos, biónicas guillontinas.

Ootheca, terrible bomba
del tiempo, película ALIENS
en miniatura, esparcirá fatal semilla.
Es de temer, amigos, la ootheca.

BANDIDO

Bandido:
¿qué escondes
con ese enorme sombrero
tan negro y ancho,
tan grotesco?
—Las veredas de una
hora crepuscular.

¿Dónde se ubica,
vagabundo, la patria tuya?
—En un vasto y gris
lugar desértico
donde son fantasmas
la tierra y el viento.

Bandolero:
¿de qué te burlas?
—De la banalidad
de horas ordinarias
y del corazón de ratón
de algunos gringos.

¿A qué te dedicas,
hombre raro?
—Yo soy pastor de las
estrellas y espío
las luces lejanas.

¿Dónde echas
tus versos, bandolero salvaje?
—A los poderosos
vientos del azar,
y a nuevos destinos.

Perdido:
¿qué senderos
te llaman ahora?
—Los senderos de un
oscuro bosque
en donde puedo
vagar entre secos
espectros.

LATÍN

OH IDIOMA: MI IDIOMA
O LINGUA! LINGUA MEA

O lingua! Lingua mea,
quod anglica non plus est, quam
nepos tuus pallidus.
O lingua latina, quae silva es
 et quanta, ubi intrare!
Quae silva antiqua,
cum semitis
intra arbores incredibile veteres
tamen cum aedibus in collibus,
cum villis proavorum,
ubi intrare et fodicare potest!
Et res invenire ut memores,
quae nos obstupefactos reddunt
stantes ad ora inmensitatis.

Quis te cognoscit, re vera cognoscit,
te amat, amat ac fons amatur
in loco umbroso fremoribus iucundis
inexhaustus, nunquam siccatus,
quovis in mundo accidente,
vento quodvis flante.
Quis te amat, quis aedes tuas detegit,
quis cor tuum indagat

saeculorum,
ille te resurgi optabit,
hominesque te loquentes in toto orbe terrarum,
et vel Iaponienses ut te loquantur.
Concham suam te esse optabit,
in te atque cum te vivere
semper cum coffeis matutinis
in te atque cum te vivere
semper cum occasu magnifico solis.
Quoniam vetus atque immensa es,
et hortus immensus
ubi abdi potest ad vivendum veritatis.

MUÑECA ANACRÓNICA

Hoc mihi multis iam annis ante videtur esse,
ante suicidium Sylviae Plath,
dies, quo gelu confecta eras, Poupée Anachronique.

Tu, mulier optima annorum quinquaginariorum
in re publica quadam virenti, sed artificiosa.
Tu, vacua, virginalis, et sine dubio flava,
exornata pulchritudine sane gelida.

Die, quo gelu confecta eras,
bellum frigidum tunc incipiebat,
et liberi aetatis atomicae fugiebant
ad perfugia altissima.

Modo cum uno omnium ,,ave" tuorum
millenarium secundum exhalatur,
omniaque horologia retro gradiuntur
ad dies atque circulos oblitos.

At ubi maritus tuus atomicus est?
Qua tabula postmodernismi
caput eius decerni poterit flavum Ariumque?

EXPERRECTUS COMPOSTELANI
PRIMAVERA COMPOSTELANA

Mille coloribus tuam
sanctis ac delicatis
coronam viridem extendis
supra colles
aeternos venustosque.
Velum sanctum extendis tuum
vasta supra saecula.

Resonas
in quiete tuorum amoenissima
saxorum antiquorum.
Animus contentus est mihi
spectaculo peregrinanti tuo
praeterito tempore Iacobino tuo
quercibus obscuris tuis
secretis
fluctuum tuorum.

Ah, colles virides tui.
Ah, experrectus Compostelani tui.

Traducciones de Imre Máté Jonás

ODA A MARTIALEM
ODA A MARCIAL

Vates dives vetuste,
te collaudo.
Tot et tantas mentulas irrisisti
tuo tempore.
Scorta pulcherrima sed stultissima,
viri vacui crinibus tinctis.
Utinam his diebus viveres
ad haec limina nostra,
cybernetica, fulminantia
vicensimi primi saeculi,
ut, vates, laborem tuum pergere.
Puellae, gestabile perpetue ad manum,
ubique per forum ambulantes,
tui calami dignissimae essent.
Summus quoque magus,
et agmina neurospastorum malevolorum.
Si ad millennium nostrum splendidum pervenisses,
bene animadverteres
pauca se mutavisse
decursu tot saeculorum.

COMMODUS
COMMODUS

Ut videtur, e philosopho
— ex imperatore philosopho —
tantum puerulus pannosus
male educatus
exire posset.
Pusillum te sensisti
qui camelopardalem necavisti
medio in Colosseo.
Hercules fuisti
centuriae novae.
Pithecus satyrus
illius urbis excelsae.
Perizomato cinctus,
pardi pelle indutus,
in ipsius Africae speculo
te videre velles.
O speculum, o speculum!
fac me certiorem
quis foedior sit?
Quis Commodi modo
cum Viro Araneo certare queat?

ADRIANO
HADRIANUS

Muros struxisti,
quamquam sine filo ferreo hamato,
sine pudore.
Milites maerebant
in limite maerebant,
donec tu pervenisti.
Ultra murum mulieres
quattuordecim viris nubebant.
Quam tristes sunt limites!
Et itinera, tua itinera,
vita integra itinerum.
Itinera et limites
imperii nimis inflati,
sicut illud Georgii Bush,
sicut vesica inflata
in eo ut dirumpat.
Et milites, illi milites,
illo in limite.
Quis ad me scriberet
ex Iraquia inflammata?

Traducciones del español al latín por Brian Bishop Versa

ESPERANTO

LOS BALCONES DE MATAMOROS
LA BALKONOJ DE MATAMOROS

Salutu nun la balkonojn,
la tristajn, la trivajn balkonojn
de iu vespero de l' forgeso
en urbo Matamoros,
la regxino de l' LandLim'.

Salutu grizajn forgesbalkonojn
de kiuj melankolio pendas,
el kiuj la olda tempo gvatas.
Forgesu la HontoMuron,
la bestohomojn, kaj la Tenebron.

Via imag-kapablu ekflugu
kolomb-simile super palm-folioj,
speguloj de la lastaj lumradioj
de la mortanta suda Sun'.

Oj, flugu al Istanbul,
kies balkonoj ankaux tristas
dum sinko de la Tag'.

—matamoros meksiko; junio 2011

ÚLTIMAS PALABRA PARA MI PADRE
LASTAJ VORTOJ AL LA PATRO

Parolintaj ni estus per perfekta mandarin'
per tonoj ja klar-harmoniaj
—kvazaŭx cxiel-princoj ni estus
vestitaj per fluaj flavoj.

Parolintaj ni estus dum epok' de revoj
dum lasta pilgrim' al radikoj
tie sub la oldaj manto-arboj
kaj tusxitaj per lasta spir' gotika
dum sinkanta auxtuna vesper' NovAngluja.

Sur la grizaj klasikaj sxtonmuroj
—la kasxejoj de viaj salamandroj kaj de la miaj
—la tomboj de viaj perditaj jaroj kaj de la miaj
ni gravurus sinogramojn simplajn kompleksajn
terajn kaj kosmajn
por tiel tutan spuraron postlasi
defiantan la efimeron nian.

Ni salutus lastfoje la mezepokajn fantomojn
tie sur malhela arbarlimo.
Ni salutus lastfoje la eternajn astrojn
tiujn samajn spektitajn de Averroes.

Kaj la steloj farigxus sinogramoj
gravuritaj tie sur la muroj oldaj.

—edinburg, texas, 2010

PALABRAS ANTIGUAS EN NÁHUATL
OLDAJ VORTOJ EN NAHUATL

Oldaj vortoj en Nahuatl
tie kaj jene disjxetitaj
kvazaux polv-kovritaj landlimaj glanoj
—dormanta ebleco
aux kiel disaj trilobuloj
belaj je komplika simpleco.

Vortoj, vertebreroj vi estas
de l' antikva Ameriko
de pasinteco magna.
Mi miigus vin, por rompi povi
dorson de la HontoMuron.
Tecuanotl alvokos vin;
estu liaj iloj, obsidianaj sagoj,
sorcxantaj flutoj.

Oldaj vortoj en Nahuatl,
tie kaj jene disjxetitaj.

—ediburg, texas, 2010

LOS FANTASMAS MEDIEVALES
LA MEZEPOKAJ FANTOMOJ

Ekzistas loko
alte sur Tamaulipeka monteto
iomete kiel Paradizo.
Sed la fi-mavaj Rambo-uloj
kun siaj malmezepokaj pafiloj
apartigas min de vi, ho ejo.
(Ke nur la antikva tero
tiujn ulojn engluti povus
por elkracxi iliajn ostojn
sur vastan dezeton de l' Saharo.).

Triste pendas la gusxoj de la meskit-arboj
Cxi-tie, tiel proksime de mia Paradizo.
Mezepokajxoj, sxirmiloj kaj kaskoj,
kaj tiajxoj, supreniras alte,
atingante tamen nenien,
dum amik' kaj mi dauxre babilas,
franceze superkafotase.
Ekzistas cxi-eje speguloj ankaux
kaj mi imagus al mi ilin portegoj
tie por trapasxi
kun nuanco de Lewis Carroll.
aux de C. S. Lewis.

Ekzistus mallumaj arboj,
proksime aliflanke,
kaj tiun mondon mi enirus.
Arbaro de mallumaj meskitoj
la sekaj gusxoj tiel triste pendantaj
kaj murmurantaj en seka venteto.

Palaj regxidoj trapasus tiun landon,
konversaciante per flua volapuko,
la nenaskita lingvo de la nenaskitoj.
Mezepokajn rajdbestojn rajdus ili triste.
"Venu", ili flustrus,
per tiu nenaskita lingvo, "Venu
al nia kastelo, kun grizaj sxiritaj standardoj
klapante cxiam, alte sur tiu monteto.

—Edinburg, Texas, 2010

LENGUA LATINA: OH IDIOMA, MI IDIOMA
LINGVO LATINA: HO LINGVO, LINGVO PLEJE MIA

Ho lingvo, lingvo pleje mia
cxar prapatro de la palaj praidoj.
Nobla arbaro vi estas en kiun eniri
en kiu longe promeni
laux padoj vaste antikvaj
serpentumaj inter arboj plej oldaj.

Tamen kun domegoj super montetoj
mansioj de la praavoj
nevizitaj dum tricent jaroj
liverantaj al vi
misterojn kaj trezorojn
lasitajn sur marbordoj de l' Epokoj.

Kiu vin konas,
kaj vin amas vere
vin amas kaj konas kiel fonton
malsoifigantan mondon
kurantan inter miljaraj sxtonoj
kaj ne kapablan sekigxi en eterno.

Kiu priesploras viajn domegojn
deziras ke ecx cxinoj kaj japanoj
eltrovu la baton de via kor' cxiama.
Cxar arbego vi estas de la vivo
plena je ehxoj, iamoj, kaj cxiamoj
kaj kies suko neniam morta
nutradas songxojn kaj fantomojn.

AL LEER EL LIBRO DE GÉNESIS EN CHINO
EKLEGANTE LA LIBRON DE GENEZO EN LA CXINA

La Paradizon mi eniras pere de Libro
pere de lingvajxo el signoj
duone desegnoj, duone vortoj.

La unuan Paradizon mi eniris
tagon plej lontanan
kie la signoj pendadas
kaj sin movas legxere
laux la milda aroma ventet'
la brizo de l' unuaj horoj.

Mi promenadas preter arboj
de l' auroro de l' vivo
kies folioj cxiuj estas lertaj signoj.
Cxi signoj, duonvortaj duondesegnaj
estas okuloj mem vivantaj,
elektraj, inteligentaj.

Dio kreis la mondon per tiaj signoj;
Adamo nomis la kozojn per ili.
Per tiaj signoj spuroj estis lasitaj
sur la pratempa argilo

kaj la argilo farigxis sxtono
kaj la spuroj farigxis unua memoro.

—edinburg, texas, 2011

HOLANDÉS

AL LEER EL LIBRO DE GÉNESIS EN CHINO
TOEN IK HET BOEK GENESIS IN 'T CHINEES GING LEZEN

Het Paradijs betreed ik via het Boek
via het tekende taalspel
deels beeltenissen, deels woorden.

Het eerste Paradijs betrad ik
op een dag lang geleden
waar de tekens hangen
en lichtelijk zich bewegen
op een mild geurend briesje
de zucht van de eerste uren.

Ik wandelde langs de bomen
van 't krieken van het leven
waarvan de bladeren listige tekens zijn.
Deze tekens, deels woord deels tekening,
zijn ogen die zelf leven,
elektrisch, intelligent.

Met dat soort tekens schiep God de wereld;
Adam duidde er de dingen mee aan.
Met dat soort tekens zijn sporen gemaakt
op de oeroude kleigrond

en de klei werd steen
en de sporen werden onze eerste herinnering.

—edinburg, texas, 2011

**IDIOMA EL LATÍN
HET LATIJN**

Mijn taal, mijn eigenste taal,
oervader van bleke afstammelingen.
Je bent een edel woud om te bezoeken
en eindelos te doorzwerven
langs oeroude paden
die slingeren langs de oudste bomen.

En toch, met je huizen boven de heuvels
je woonsteden van onze voorouders
drie eeuwen niet bezocht
die ons bieden
mysteries en schatten
hier aan ´t strand der Eeuwen.

Wie jou kent
en echt van je houdt
bemint en kent je als bron
die de hele wereld drenkt
stromend tussen eeuwenoude stenen
en in geen eeuwigheid op te drogen

Wie je paleizen doorzoekt
wil dat zelfs Chinezen en Japanners

de slagen van je hart leren kennen.
Want oerwoud ben je van 't leven
vol echo's van ooit en ergens,
en je nimmer dode sappen
voeden dromen en fantomen.

Traducciones de Gennit Berveling

FRANCÉS

ODA A MARCIAL
ODA A MARCIAL

O poète romain, veritablement divin,
Que je te loue, en une heure bienheureuse.
Tu t'es moqué de tant de niais,
dans ton monde lointain.
Beaucoup de coquin ont été tués par tu plume.
Tu as ecrit des putains belles mais sottes,
et des hommes vides aux cheveux faussement teints.

O poète! Si tu etais en vie actuellement,
en cette époque de progrès foudroyant,
et la venue d'un millenaire auguste.

Que ce serait beau, o poète,
si tu reprenais ton ouvrage.
Tous ces troupeaux de jeunes filles jasantes,
chacune liée avec sa cellulaire
ne manquerait pas d'interet pour ta plume.
L'université serait faite pour toi,
et tu t'amuserais avec le doyen
et d'autres petits tyranneaux.

Poète delice! Si tu pouvais la regarder,
la gloire de ce millenaire a peine né,

81

sans doute ne manquerais-tu pas de percevoir,
que l'ecoulement des siècles et des siècles
ne fait rien pour changer le milieu de l'humanité.

MUÑECA ANACRÓNICA
MUNECA ANACRONICA

Il me semble que c'etait déja àssez d'années
avant le suicide de Sylvia Plath,
le jour ou on t'a gelée, Poupée Anachronique.

Toi, la femme ideale des années cinquante,
dans un pays florissant mais plastique.
Toi, vide, chaste, et sans doute blonde,
doué d'une beaute vraiment bien gelée.

La jour ou on t'a gelée,
la guerre foide etait en train de se deployer,
et les enfants de l'époque atomique se refugiaient
dans les lieux d'asile les plus profonds.

Avec seulement un de tes "Bon jours",
le deuxieme millenaire se vaporize
et tous les horloges vont en arrière
vers les jours et des cycles oubliés.

Mais ou se trouve ton fiancé atomique?
De quel portrail du posmodernism
va-t-on entrevoir son beau tête de blond aryan?

Traducciones de Theo Browne

CATALÁN

EL MURO DE LA VERGüENZA
EL MUR DE LA VERGONYA

PRIMER ALBIRAMENT

Mai no he aprovat la idea d'aquest mur. Però tampoc mai no he protestat en contra perquè altres afers han cridat més la meva atenció.

El desembre de 2008, amb dos familiars, vaig anar, com habitualment, a fer un tomb pels voltants de Hidalgo, Texas. Ja no s'hi podia caminar. Un mur monstruós, sense cap bellesa, ens impedia el pas. Els constructors visibles eren només mexicans, només gent morena, que probablement enviava part del sou als parents dels pobles d'Oaxaca o de Chiapas. Em vaig prometre allà mateix que escriuria un cicle poètic sobre aquell monstre.

Només després vaig descobrir que el mateix destí ateny diverses reserves naturals al llarg de la frontera. Llocs on van nèixer diversos poemes meus. Tanmateix, en aquell moment vaig sentir ja una indignació i una ira com de moltes dècades no sentia.

EL MUR TRIOMFANT

Als qui no els agrada, aquell mur pertany ja a la banda dels vençuts. El govern ja hi ha gastat milions de dòlars i s'aixeca durant molts quilòmetres. Algú es creu que el govern seria capaç de gastar de nou milions de dòlars per enderrocar-lo? A més, això seria també perdre prestigi davant les nacions del món. Per això és preferible inventar nous motius per conservar el mur.

Però, com diria B. Traven, el vençut pot almenys conservar la dignitat de la seva indignació. I sovint l'art proporciona els millors instruments de revenja contra l'absurd de la vida. Contra el mur es poden fer molts poemes. En un país com l'Argentina dels anys setanta, ni això era possible.

EL MÓN ES DIVIDEIX EN DUES PARTS

El mur s'aixeca entre dos móns. D'una banda es troba la gran pàtria dels Wasps[1], país de gent bondadosa sense sang, que té diners al banc, beu un cafè aigualit i mai no deixa de saludar la bandera dels Estats Units.

De l'altra banda es troba el Gran Anti-Wasp, ple de terribles ossames i talibans terroristes, de totpoderosos senyors de les drogues i de milions de morens sense diners que es multipliquen com conills. En una banda es troben els feliços, que es mereixen tot el que és bo i a l'altre els infeliços, que, segur, no es mereixen la felicitat. I mentre s'acaba de construir aquesta divisió gloriosa, hauríem també d'enderrocar l'estàtua de la llibertat, perquè no passa d'una cosa arcaica del món d'abans de l'11/9.

FENOMENOLOGIA DEL MUR

És evident que contra aquest mur no val la pena trencar-s'hi el cap. És molt més compensador estudiar-lo fenomenològicament. El mur és un fenomen físic, polític, simbòlic i psicològic. Amb el rostre pàl·lid, monotònic, mort però terriblement fort, el mur de la vergonya reflecteix molt bé la civilització que ha decidit contruir-lo.

NACIÓ TÍMIDA

Pot espantar molt una criatura que cregui veure un fantasma. Però aquesta mateixa criatura que s'amaga sota el cobrellit pot tranquil·litzar-se una altra vegada.

Avui els Estats Units són una nació tímida que té necessitat d'amagar-se sota el cobrellit. Té por de fantasmes i de l'Altre. El cobrellit és un mur amb el color lleig d'un fantasma.

Estic segur que, dels nord-americans que aproven el mur de la vergonya, prop d'un 95 per cent mai no han estat a Mèxic, excepte potser a Acapulco o Cancun, o potser en una ciutat fronterera com Tijuana. Com a bons nord-americans, no saben cap llengua estrangera i així queden més tancats en la seva pròpia conca. La culpa no és només de la seva por dels fantasmes. Hi ha una cosa més: els fantasmes són fabricats pels periodistes i pels polítics.

Fa uns quants dies vaig anar a la ciutat mexicana de Reynosa. Allà només vaig veure el que havia previst: abundància de persones normals caminant molt tranquil·lament pels carrers. D'acord amb la imatge que em pinten, aquestes persones havien d'estar tancades a casa i pels carrers només hi havien de passar terribles senyors de les drogues amb ulleres de sol i empunyant metralletes.

Veure el mexicà com l'Altre és igualment un equívoc. Mèxic i els Estats Units tenen fortes arrels a l'Europa del segle 18. Sobretot a França. Amb amics mexicans i estudiants jo parlo de Marie-Antoinette, de Robespierre, de Danton. Som a la mateixa longitud d'ona.

Però el mur també representa una intolerància que no és nova. Fa dècades, el tractament donat als que neden (o passen a gual, quan la sequera ho permet) pel Gran Riu buscant una vida millor és essencialment feixista. Igualment el tractament d'aquells que d'amagat els ajuden (amb facilitat qui els ajuda passa deu anys en una presó). Els atemptats contra la llengua espanyola són diaris a les escoles de tot el país, encara que ja no hi hagi càstigs físics, amb la finalitat clara d'exterminar aquesta llengua del territori dels Estats Units.

L'ESPERANTO I EL MUR

En un dels seus més coneguts poemes, Zamenhof demana que s'enderroquin els murs que separen els pobles del món. Zamenhof parla simbòlicament, és clar. Però el mur de la vergonya és tan simbòlic com físic, tot i que els seus amants pretenen denegar-lo. Doncs, l'esperanto és la llengua de l'Anti-Mur. Jo proposo que sigui també la llengua de l'Anti-Wasp.

Deu ser evident que jo no odio la llengua anglesa ja que hi escric molts poemes, tot i que tinc altres dues llengües per a la poesia. Crec que el rús té un so més bell que l'anglès, però això és un altre afer. Jo tampoc odio necessàriament els anglòfils, perquè alguns són intel·ligents i amables. Odio l'anglofilisme, això sí, perquè el considero feixisme lingüístic. I ara l'anglès és la llengua de l'imperi que construeix el mur. No té importància la llengua amb què llegeixo les obres de Voltaire, Celine o Pio Baroja. Tanmateix, fins i tot llegir en esperanto ja no pot ser un acte neutral. Viure el món a través de l'esperanto, llegint o escoltant conferències, condueix necessàriament al rebuig del monstre.

EFICÀCIA DEL MUR

El mur neix sobretot d'un món de fantasmes i fantasies. Els locals sempre em diuen que el mur estarà contra a propera revolució mexicana. Jo no sé si aquesta revolució s'esdevindrà, però això no té importància. Suposem que els pronòstics es compleixen. Els revolucionaris no podran comprar o fabricar dinamita? Tothom sap que es poden remoure muntanyes amb explosius. No pot passar el mateix amb aquest mur? O està fabricat amb una nova substància, l'existència de la qual només és coneguda de les altes autoritats? I pel que fa a túnels, escales, avionetes?

El mur és molt eficaç contra un grup: els pobres, els anomenats esquenes-mullades, els veritables fel·làs. Una pregunta ètica i ideològica és si la vida d'aquestes persones té cap valor. Per als guàrdies de la frontera són només subhomes.

Els veritables enemics dels Estats Units probablement es riuen del mur. Probablement se'n riuen sense raó. Tanmateix, un talibà podria entrar als Estats Units nedant o passant a gual el Riu Bravo. De totes maneres, fins i tot si parlés español correctament (absolutament necessari per orientar-se durant el camí) o canviés de roba (la vestimenta és molt important!!!), el risc de la seva vida seria molt més gran que el d'un esquena-mullada normal, que coneix les plantes que pot menjar o no, etc. Però per què no entrar als Estats Units per les vastes forestes de la frontera canadenca? Seria molt més agradable.

Finalment, hi ha la qüestió dels narcòtics. Qualsevol persona intel·ligent sap que la quantitat de narcòtics que una sola persona, nedant o caminant, pot transportar és mínima. Menys encara si necessita caminar llargues distàncies o no cridar l'atenció. Per transportar quantitats significatives necessitaria potser un vaixell al riu i, més important, un cotxe o un camió esperant a l'altra banda. Normalment això exigiria continuar per la carretera. Cridaria molt l'atenció, oi?

EL GOVERN ÉS MÉS SAVI QUE L'INDIVIDU?

Em diuen que tingui confiança en el govern, que sap el que es fa. Tanmateix, Hilary Clinton és ara part del govern i parla obertament de com és absurd el projecte del mur. Per a Clinton el projecte és un bon exemple de la inflexible arrogància de l'administració Bush. A les regions frontereres, el mur té molts enemics. Però un nombre important d'aquests té forts sentiments d'amor a la pàtria. Rebutjar el mur no significa rebutjar el respecte a la seva nació.

PER QUÈ UN AFER PERSONAL?

Té realment importància la sort d'unes quantes reserves de la naturalesa? Potser em diran que ho oblidi, que construeixen el mur precisament per protegir-ME. De fet, un americà blanc de classe mitjana com Peter Browne té necessitat de ser protegit dels bandits mexicans i dels seus amics, els ossames?

Resposta: no sóc cap criatura i no necessito protecció de fantasistes patològics.

A més, hi ha una cosa molt greu. Jo crec que el mur és un insult a la meva persona. Un insult greu a Peter Browne. Jo sóc meitat nord-americà i també meitat mexicà!!!

DIÀLEG

Podien preguntar-me per quin motiu jo no dialogo amb els partidaris del mur. No m'interessa. Un pintor no està mai interessat a dialogar amb un cec de naixença.

MUROTURISME

Proposo que gent de tot el món vingui a veure el grandiós mur de Mèxic. Sobretot escriptors i periodistes. Que vinguin també fotògrafs. Hi ha un ecoturisme, per què no un muroturisme?

SOBRE EL DESTÍ DELS IMPERIS

Segons alguns historiadors, el mur d'Adrià implícitament era un missatge als mateixos romans: l'imperi no ha de créixer més, l'expansió s'ha acabat. Amb o sense aquest avís, l'imperi es va desfer uns quants segles després.

El mur de la vergonya i la crisi econòmica ens han agafat més o menys alhora. Tothom sap que el bressol de la crisi és els Estats Units. Per què les altres nacions veuen en els Estats Units el model a seguir? I no són potser el mur de la vergonya i la crisi econòmica símptomes de la mateixa malaltia? El seu nom grec és HUBRIS. A una nació orgullosa, forts cops del destí. Potser assistim al començament d'una llarga caiguda. No hi ha salvació.

ESCRITS AL MUR

Els escrits són en tinta invisible. Però visible amb una llum especial, tot i que només al crepuscle. Ideogrames al llarg del mur de la vergonya. Ezra Pound pensaria estar en el paradís. Si tens fills petits, fes-los estudiar mandarí. No dic que no els facis estudiar també anglès, espanyol o esperanto, però no deixis de fer-los aprendre mandarí. Contra la naixent i mil·lenària civilització no es construirà cap mur. Perquè contra TIAN no és possible construir murs. I el que caurà sobre nosaltres seran cervells esmolats i superiors, no els braços treballadors i els cors ingenus dels fel·làs.

MÉS INFORMACIONS

En aquest article he abandonat voluntàriament els números (per exemple, quants quilómetres, quants dòlars) perquè aquests detalls es poden trobar a la xarxa. Al Youtube trobaràs moltes conferències pro i contra el mur. No n'escolto gaires de les favorables perquè, honestament, em fan nàusees. M'agraden les gravacions de THE MEXICA MOVEMENT, però malauradament són racistes i mai no m'acceptarien a causa del color de la meva pell, tot i que jo estigui aprenent nàhuatl.

[2] Wasp = White Anglosaxon Protestant (protestante branco e anglosaxão).

LOS BALCONES DE MATAMOROS
ELS BALCONS DE MATAMOROS

Saludeu ara els balcons,
els tristos, desgastats balcons
d'una tarda d'oblit
a la ciutat de Matamoros,
la reina de la Frontera.
Saludeu els grisos balcons de l'oblit,
Des dels quals el temps antic espia.
Oblideu el Mur de la Vergonya,
les bèsties-homes i les Tenebres.
Que la vostra capacitat d'imatge s'envoli
com coloms sobre els fulls de palmera,
miralls dels últims raigs de llum
del Sol moribund del sud.
Eh, envola't cap a Istambul,
també amb tristos balcons
quan el Dia s'enfonsa.

Matamoros, México, juny 2011

EL PARAÍSO ENTRÓ EN LA CLASE
EL PARADÍS HA ENTRAT EN UNA CLASSE

El paradís ha entrat en una classe
de l'universitat.
Eh, eh, el paradís.
Tan sols en una classe
on va teixir teranyines
als racons
i subtils nius a la cabellera
d'alguna noia.
Des de lluny, al passadís,
m'arribava el seu perfum
però la classe era amagatall.
El paradís es va ficar
a les faules de B. Traven
i entre les pàgines de Cormac McCarthy.
Eh, eh, el paradís.
El paradís somniava fràgils somnis
de la teva fràgil frontera.

Edinburgo, Texas, agost 2010

Traducciones de Manuel de Seabra

PORTUGUÉS

EL MURO DE LA VERGüENZA
O MURO DA VERGONHA

PRIMEIRO VISLUMBRE

Nunca aprovei a ideia daquele muro. Mas também nunca protestei contra ele porque outros assuntos chamaram mais a minha atenção. Em Dezembro de 2008, com dois parentes, fui, como de costume, dar um passeio pelos arredores de Hidalgo, Texas. Já não se podia andar por ali. Um muro monstruoso, sem qualquer beleza, impedia-nos a passagem. Os construtores visíveis eram só Mexicanos, só gente morena, que provavelmente enviava parte do salário a parentes nas aldeias de Oaxaca ou de Chiapas. Prometi ali mesmo que havia de escrever um ciclo poético sobre aquele monstro.

Só depois descobri que a mesma sorte atinge varias reservas naturais ao longo da frontera. Lugares em que nasceram vários poemas meus. No entanto, nesse momento já senti uma indignação e uma cólera como há muitas décadas não sentia.

O MURO TRIUNFANTE

Quem não gosta daquele muro pertence já ao bando dos vencidos. O governo já gastou com ele milhões de dólares e já se levanta durante muitos quilómetros. Alguém acredita que o governo seria capaz de gastar novamente milhões de dólares para desmontá-lo? Além de que isso seria também perder prestígio perante as nações do mundo. Por isso é preferível inventar novas razões para conservar o muro.

Mas, como diria B. Traven, o vencido pode pelo menos conservar a dignidade da sua indignação. E muitas vezes a arte proporciona os melhores instrumentos de vingança contra o absurdo da vida. Contra o muro pode-se fazer poemas em abundância. Num país como a Argentina dos anos setenta, nem isso era possível.

O MUNDO DIVIDE-SE EM DUAS PARTES

O muro levanta-se entre dois mundos. De um lado encontra-se a Grande Pátria dos W asps[3], país de gente bondosa sem sangue, que têm dinheiro no banco, bebe um café aguado e sem gosto e nunca deixa de saudar a bandeira dos Estados Unidos.

Do outro lado está o Grande Anti-Wasp, cheio de terríveis osamas e talibanes bombistas, de todo-poderosos senhores das drogas e de milhões de morenos sem dinheiro que se multiplicam como coelhos. De um lado estão os felizes, que merecem tudo o que é bom, e do outro lado os infelizes que, com certeza, não merecem a felicidade. Enquanto se acaba de construir essa divisória gloriosa, devíamos também desmontar a estátua da liberdade, porque não passa de uma coisa arcaica do mundo de antes do 11/9.

FENOMENOLOGIA DO MURO

É evidente que contra este muro não vale a pena partir a cabeça. É muito mais compensador estudá-lo fenomenologicamente. O muro é um fenómeno físico, político, simbólico e psicológico. De rosto pálido, monotónico, morto mas terrivelmente forte, o muro da vergonha espelha muito bem a civilização que escolheu construí-lo.

NAÇÃO TÍMIDA

Pode assustar muito uma criança que julgue estar a ver um fantasma. Mas essa mesma criança, que se esconde debaixo da colcha, pode voltar a tranquilizar-se. Hoje os Estados Unidos são uma nação tímida que tem necessidade de se esconder debaixo da colcha. Tem medo de fantasmas e do Outro. A colcha é um muro que tem a feia cor de um fantasma. Tenho a certeza que, dos norte-americanos que aprovam o muro da vergonha, aproximadamente 95% nunca estiveram no México, excepto talvez em Acapulco ou Cancun, ou talvez numa cidade fronteiriça como Tijuana. Como são bons norte-americanos, não sabem nenhuma língua estrangeira e assim ficam mais encerrados na sua própria concha. A culpa não é só do seu medo dos fantasmas. Há uma coisa mais: os fantasmas são fabricados pelos jornalistas e pelos políticos. Há uns dias fui à cidade mexicana de Reynosa. Aí só vi o que previ ver: abundância de pessoas normais caminhando muito tranquilamente pelas ruas. De acordo com a imagem que me pintam, essas pessoas deviam estar fechadas nas suas casas e pelas ruas só passariam terríveis senhores das drogas com óculos escuros e empunhando metralhadoras. Ver o Mexicano como o Outro é igualmente um engano. E o México e os Estados Unidos têm fortes raizes na Europa do século 18. Pincipalmente em França. Com amigos mexicanos e estudantes eu falo de Voltaire, de Marie-Antoinette, de Robespierre, de Danton. Estamos no mesmo comprimento de onda. Mas o muro também representa uma intolerância que não é nova. Há décadas, o tratamento dado àqueles que nadam (ou passam a vau, quando a seca o permite) o Grande Rio em busca de uma vida melhor é essencilmente fascista. Igualmente o tratamento daqueles que às ocultas os ajudam (com facilidade quem os ajuda passa dez anos numa prisão). Os atentados contra a língua espanhola são diários nas escolas de todo o país, embora já não haja castigos FÍSICOS, com a finalidade clara de exterminar essa língua do território dos Estados Unidos.

O ESPERANTO E O MURO

Num dos seus mais conhecidos poemas, Zamenhof pede que se façam cair os muros que separam os povos do mundo. Zamenhof fala simbolicamente, claro. Mas o muro da vergonha é tão simbólico como físico, embora os seus amantes pretendam negá-lo. Portanto o Esperanto é a língua do AntiMuro. Eu proponho que seja também a língua do Anti-Wasp. Deve ser evidente que eu não odeio a língua inglesa, pois nela faço abundantes poemas, embora tenha duas outras línguas para a poesia. Acho que o russo tem um som mais belo do que o inglês, mas isso é outro assunto. Eu também necessariamente não odeio os anglófilos pois alguns são inteligentes e amáveis. Odeio o anglofilismo, isso sim, porque o considero fascismo linguístico. E agora o inglês é a língua do império que constrói o muro. Não tem importância a língua em que leio as obras de Voltaire, Celine ou Pio Baroja. No entanto, inclusive ler em Esperanto já não pode ser um ato neutral. Viver o mundo através do Esperanto, lendo ou ouvindo conferências, conduz necessariamente à rejeição do monstro.

EFICÁCIA DO MURO

O muro nasce sobretudo de um mundo de fantasmas e fantasias. Os locais sempre me informam que o muro estará contra a próxima revolução mexicana. Eu não sei se essa revolução terá lugar, mas isso não tem importância. Suponhamos que os prognósticos se cumprem. Os revolucionários não poderão comprar ou fabricar dinamite? Todos sabemos que se podem remover montanhas com explosivos. Não pode acontecer o mesmo com este muro? Ou está fabricado com uma nova substância, cuja existência só é conhecida das altas autoridades? E quanto a túneis, escadas, avionetes? O muro é muito eficaz contra num grupo: os pobres, os chamados costas-molhadas, os verdadeiros felás. Uma pergunta ética e ideológica é se a vida dessas pessoas tem algum valor. Para os guardas da fronteira são apenas sub-homens.

Os verdadeiros inimigos dos Estados Unidos provavelmente riem-se do muro. Provavelmente riem-se sem razão. No entanto, um taliban podia entrar nos Estados Unidos a nadar ou atravessando a vau o Rio Bravo. No entanto, se falasse espanhol correctamente (absolutamente necessário para se orientar durante o caminho) em udasse de roups (a vestimenta é muito importante!!!), o risco da sua vida seria muito muito maior do que o de um costas-molhadas normal, que conhece as plantas que pode comer ou não, etc. Mas por que não entrar nosEstados Unidos pelas vastas florestas da fronteira canadiana? Seria muito mais agradável. Finalmente há a questão dos narcóticos. Qualquer pessoa inteligente sabe que a quantidade de narcóticos que uma só pessoa nadando ou caminhando pode transportar é mínima. Ainda menos, se necessita caminhar longas distâncias ou não chamar as atenções. Para transportar quantidades ignificativas precisaria talvez de um barco no rio e, mais importante, um automóvel ou um camião à espera do outro lado. Normalmente, isso exigiria seguir pela estrada. Daria muito nas vistas, não?

O GOVERNO É MAIS SÁBIO DO QUE O INDIVÍDUO?

Dizem-me que tenha confiança no governo, que sabe o que faz. No entanto, Hilary Clinton faz agora parte do governo e fala abertamente do absurdo do projecto do muro. Para Clinton o projecto é um bom exemplo da inflexível arrogância da administração Bush. Nas regiões fronteiriças, o muro tem muitos inimigos. Mas um número importante deles tem fortes sentimentos de amor à pátria. Rejeitar o muro não significa rejeitar o respeito pela própria nação.

PORQUÊ UM ASSUNTO PESSOAL?

Tem realmente importância a sorte de algumas reservas da natureza? Talvez me digam que me esqueça disso e que constróem o muro precisamente para ME proteger. Realmente um americano branco de classe média como Peter Browne precisa de ser protegido dos bandidos mexicanos e dos seus amigos, os osamas? Resposta: não sou nenhuma criança e não preciso de proteção de fantasistas patológicos. Além disso, há algo muito mais grave. Eu acho que o muro é um insulto à minha pessoa. Um insulto grave a Pedro Braun. Eu sou metade norte-americano e metade também mexicano!!!

DIÁLOGO

Podiam perguntar-me por que razão eu não dialogo com os partidários do muro. Não me interessa. Nunca um pintor está interessado em dialogar com um cego de nascença.

MUROTURISMO

Proponho que gente de todo o mundo venha ver o grandioso muro do México. Principalmente escritores e jornalistas. Que não deixem de vir também fotógrafos. Existe um ecoturismo, por que não um muroturismo?

SOBRE A SORTE DOS IMPÉRIOS

Segundo alguns historiadores, o muro de Adriano implicitamente era uma mensagem aos próprios Romanos: o império não deve crescer mais, a expansão terminou. Com ou sem esse aviso, o impédio desfez-se alguns séculos depois. O muro da vergonha e a crise económica atingiu-nos mais ou menos ao mesmo tempo. Todos sabem que o berço da crise é os Estados Unidos. Por que razãpo as outras nações vêm nos Estados Unidos o modelo a seguir? E acaso o muro da vergonho e a crise económica não são sintomas da mesma doença? O seu nome grego é: HUBRIS. A uma nação orgulhosa, fortes golpes do destino. Talvez estejamos a assistir ao começp de uma longa queda. Não há salvação.

ESCRITOS NO MURO

Os escritos são em tinta invisível. Mas visível com uma luz especial, embora só no crepúsculo. Ideogramas ao longo do muro da vergonha. Ezra Pound julgaria estar no paraíso. Se você tem filhos pequenos, faça-os estudar mandarim. Não digo que não os faça estudar também inglês, espanhol ou esperanto, mas não deixem de fazê-los aprender mandarim. Contra a nascente e milenar civilização não será construído nenhum muro. Porque contra TIAN não é possível construir muros. E o que cairá sobre nós serão cérebros afiados e superiores, não os braços trabalhadores e os corações ingénuos dos felás.

MAIS INFORMAÇÕES

Neste artigo abandonei voluntariamente as datas (por exemplo, quantos quilómetros, quantos dólares) porque é possível encontrar esses pormenores na rede. Em youtube encontrará muitas conferências por e contra o muro. Não escuto muitas das favoráveis, porque, honestamente me causam vómitos. Gosto das gravações de THE MEXICA MOVEMENT, mas infelizmente são racistas e nunca me aceitariam por causa da cor da minha pele, embora eu esteja a aprender nahuatl.

---

1 Wasp = White Anglosaxon Protestant (protestante branco e anglosaxão).

AL LEER EL LIBRO DE GÉNESIS EN CHINO
LENDO O LIVRO DO GÉNESIS EN CHINÊS

Entro no Paraíso através do Livro
da linguagem de sinais
metade desenhos, metade palavras.
Entrei no primeiro paraíso
no dia mais distante
onde os sinais pendem
e se movem ligeiramente
ao sabor da suave brisa aromática,
a brisa das primeiras horas.
Passeio para além das árvores
da aurora da vida
cujas folhas todas são hábeis sinais.
Estes sinais, meio palavras meio desenhos
são olhos bem vivos,
eléctricos, inteligentes.
Deus criou o mundo com estes sinais;
Adão deu nome às coisas com eles.
Com estes sinais marcas foram deixadas
na argila pré-histórica
e a argila fez-se pedra
e as marcas fizeram-se a primeira memória.

Edinburgo, Texas, 2011

Traducciones de Manuel de Seabra

GALLEGO

EL SENDERO DE LOS CARACOLES GRANDES
O VIEIRO DOS CASCAROLOS GRANDES
Santiago de Compostela, España
(Primavera, 1985)

Co avance da primavera, as fortes choivas cesaron. Aproveitei, entón, para facer unha extensa exploración a pé do mundo que rodea Santiago; un mundo que se espalla entre resonancias de antigüidade. Aquel recuncho galego era un lugar de outeiros ondulantes e ladeiras antigas, cheas de lembranzas e reliquias da Europa medieval. Algo abraiante, incrible, aparecía tras cada cómaro, cada revolta.

Non moi lonxe da cidade, atopei un pequeno mundo agochado.

Un camiño tortuoso que penetraba entre altas murallas, máis aló das cales nada se deixaba albiscar. Aqueles muros daban a impresión de seren realmente vellos. Non se oía nada, coma se fose un lugar abandonado, mesmo polo tempo. O vieiro serpeaba entre as murallas, de xeito que un acababa por ter a sensación de camiñar a través dunha especie de labirinto. E continuaba así un bo quilómetro, ata ir dar a un pracenteiro prado con ondulantes outeiros.

Só de cando en cando pasaba unha persoa por aquela verea amurallada. Algunha que outra vez transitaba por alí un labrego silandeiro. Pero nunca se vía un estudante ou outro habitante daqueloutro Santiago. Aquela brillante esfera de modernas discotecas atopábase só a uns quilómetros de distancia. Sen embargo, todo semellaba moi lonxano, a un ano luz. En verdade, aquel lugar parecía estar ubicado nunca especie de túnel do tempo. O prado semellaba estar tan illado coma o camiño, rodeado case na súa totalidade por un escuro e espeso piñeiral.

Eu adoitaba ir ler e meditar a aquel lugar. Estar alí era coma estar sentado no colo da Europa de antano. Alí atopei abundantes cascarolos, moi grandes, e eu desfrutaba pousándoos na miña man: algo había na mobilidade daqueles ollos protuberantes que me suxería una intelixencia antiga e profunda. Contemplar o ollar dun nobre cascarolo tras ter transitado a través do túnel do tempo é unha auténtica coroa de gloria para calquer peregrino!

Peter E. Browne, "El tránsito de los caracoles grandes", ***Beat*** Clón. Prosa y poesía del Camino.
Galician translation by Gonzalo Moreira (2011)

GALICIA, ESPAÑA
GALICIA, ESPAÑA
(1985)

Camiñar polos arredores de Santiago e coma percorrer un camiño que penetra en épocas pasadas. Houbo ocasións nas que me sentín coma se tivese saído do século vinte. A xente do rural vive no seu propio mundo, a súa propia realidade á parte. Puiden percibir a antigüidade dos ollos daquela xente. Mirar dentro deles é coma botar unha ollada no pozo escuro dun mundo distante, é coma captar fugazmente a imaxe doutro milenio.

A dicir a verdade, o parecer e o estilo de vida de moitos labregos galegos semella non ter sido afectado polo moderno. Vin labregos parados no campo, o día enteiro, a coidar do seu gando, e tamén pequenas parcelas de terreo, sementadas con métodos antigos. As mulleres, vestidas con roupas mouras e grosas, camiñaban grandes distancias, levando cestas enormes nas súas cabezas, vendendo e mercando vexetais. Os homes das aldeas, que tamén vestían completamente de negro, mataban o tempo en amistosos coloquios, nesa hermética linguaxe galega.

Aquel era un mundo no que con frecuencia o meu mundo non é benvido. Un mundo que dirixe toda a súa forza de vontade cara a supervivencia. O progreso vertixinoso do mundo occidental, a modernización americana, considérase instintivamente coma unha ameaza, cousa que pode ser certa. Lembro con especial claridade a mirada penetrante que me botou unha muller vestida de escuro nunha das miñas andainas polo monte. Foi unha mirada intensa e nada amigable. Sentín coma se unha enerxía, negra e perversa, tivese sido dirixida cara min; algo así coma un meigallo.

Á marxe daqueles vieiros cara o rural, tamén pasei moitas horas percorrendo en penumbra os corredores da catedral. Pasear por eles transmitíame unha sensación de moita tranquilidade. Por momentos, debecín por me reencarnar en peregrino medieval, cheo de fe e esperanza, para transcender ou facer aquela viaxe cara Santiago. Só entón o rico verdor dos campos, e os suaves e ondulados outeiros de Galicia resoarían coas xoviais canciéns da morriña do meu espírito.

Peter E. Browne, "Galicia, España (1985)", ***Beat Clón. Prosa y poesía del Camino.***
Galician translation by Gonzalo Moreira (2011)

SERÉ ADOQUÍN
SEREI LASTRA

Vénme, livián, un temor
cos moribundos días e esta depresión
de expatriado entre militantes choivas.
Un temor de ser lastra
de me converter en pedra branda
milenaria e peregrina.
Serei lastra, mais con memoria
dotado serei de antiga intelixencia
ou coma os pétreos santos
o sorrinte e retranqueiro profeta
mirando o paso dos séculos
dende o seu limiar con índole da pedra.
Presenciarei o gris dunha estación longa
e tamén os verdores profundos
e haberá un só tempo eterno
para as máis efémeras horas.
Resoará o son da gaita
sobre o meu pétreo e pretérito lombo
e virá novamente a primavera.
Ente pétreo serei, ente definitivo
Con existencia anterior
ao presente século.
Aquí sempre presente

neste carreiro, de Compostela.

Peter E. Browne, "Seré Adoquin", **Beat Clón. Prosa y poesía** del Camino.
Galician translation by Gonzalo Moreira (2011)

Traducciones de Gonzalo Moreira

CHECOSLOVACO

BOSQUEJOS NORTEAMERICANOS
AMERICKÝ NÁČRTNÍK

PRÓLOGO
PŘEDMLUVA

Hle knižečka, viněty, v kterých hlavní role patří chvílím útěků do přírody, té Severoamerického kontinentu. Jedná se o útěky různým způsobem nesoucí uzdravení. V této knize příroda zůstává věrná , i když zrazují ostatní aspekty života. Ale je to celkem všední příroda, ta z kamenů a vody, ze země a stromů.

Domníváme se, má li tato kniha dobrovolného zaníceného čtenáře, ten je také milovníkem přírody.

Naše kniha je maloformátová, bez nároků. Avšak, jestliže si někdo přeje hledat pro ni předchůdce, možná je nalezne na stránkách od Cateaubrianda či Thoreaua.

Naše črty se týkají různých států USA: Oregon, Montana, Wyoming, Connecticut, Tennessee. Uvidíte, že časové rozpětí je stejně různorodé. Spisovatel je člověk mnoha cest, nejednou tulák. Ale od jednoho bodu ke druhému příroda dává šanci cítit se doma, i více.

Převládají stránky o Connecticut – tom velmi malém státu. Connecticut, protože je bodem návratu. Autor se vrací do jeho lesů ve věku 33 let – jako nezaměstnaný. Nenachází práci, ve skutečnosti ještě více klesá do chudoby. Jeho chudinství se blíží tomu hlubokému, tomu amerických bezdomovců, "pouličních pobudů". Dny tráví toulajíce se lesy. Avšak v tomto prostředí zakouší ne jen uzdravující sílu/věrnost přírody - on také znovu objevuje svět a soulad ztracený před 26 lety. Nezaměstnaný, ve středním věku, začíná souznívat se svým druhým já, tím – sedmiletého chlapce. A možná toto souznění či svaté přijímání je nejmocnější poezií knihy.

NIÑEZ EN OREGON
OREGON: CHLAPECKÝ VĚK

KDYŽ JSEM BYL CHLAPEC v Oregonu, rád jsem kreslil ještěrky, lezoucí na mechem pokryté groteskní větvoví mystických dubů. Nejstálejší společník je vytrvalý déšť. Už miluji dešťové závoje , nedbaje svalových problémů.

Během večerů, za soumraku, po nudě školních hodin, se ohromně rád procházím po vzdálených cestách, v dešti a lesní temnotě. Doprovází mne, nejčastěji, vzácný psík čile inteligentní. Anachronicky tento pes potom dlouze bude pobývat na zemi.

Byly to cesty slastné samoty, během chůze dál a dál.

Občas, tyto procházky vedou k opravdovým nálezům, jako k čelisti smraďocha, bělostně ležící v hustém černém prostoru. Jednoho dne, jak sním, budu paleontolog a naleznu fosílie vzácných zvířat v předpotopních půdách.

Uprostřed lesa, schované za kmeny, mám své místo: pelíšek, místo pro meditace. Jedná se o horizontální kmen, letitý a velmi silný, pokrytý bohatými vrstvami mechu: nedostižné lože. Okolní stromy tvoří jakoby pokoj. Pryč od světa , tady ležím, vedle psíka, stejně meditujícího. Přemýšlím o eocénu, o vzdálených kdysi. Vyhynuli už dinosauři, dobrá šance pro rozkvět savců. Praotcem člověka je rozpustilý lemur ve vysokém listoví. Na zemi po tmavých cestách se pohybuje nešťastně zrozené rozvinuté zvířectvo , ohromně groteskní a ohromně pomíjející v děsivé té zoře.

Náš dům je pokorný, ale celkem uspokojivý, dle potřeb. Má nízkou mansardu, ve které se nachází několik starých věcí. Pod střechou zde hnízdí přízrak, malé postavy. Nikdy ho nevidím, ale někdy silně cítím jeho přítomnost - schoulenou, lemuří - zvláště za šedých zimních soumraků.

Mezi starými věcmi, nalezenými v mansardě, je encyklopedie, svazek M. Jehož čtení někdy zaplňuje tíseň zdejších večerů. Speciální fascinaci pro mne má historie proroka Mohameda: záblesk arabského meče v oregonském lijáku.

Školu nemám moc rád, účastním se jen z povinnosti. Jsem podivný chlapec, kterému chybí kamarádi. Každé ráno, časně, čekám školní autobus, v husté bílé mlze. Vedle, v malém statku, je škaredý šedý jednooký osel: jehož podivnost připomíná nějakého pradávného lesního fantoma. Začíná nadšeně řičet s hodinovou pravidelností během každého mého čekání tam.

Kromě zimy, často spím mimo dům. Otec mi postavil chatičku vysoko ve větvích pevného mechem pokrytého dubu. Prostor pro ležení a trochu víc. V této místnosti doprovází mne vždy hromádka knih: o minulosti, o dálavách. Eocén a ostrov Madagaskar.

Ležíc v stromovém bytě, moje sny se rozpínají ve směru vrchních větví: nějaká veverka nebo lemur bych chtěl být, abych skákal od jedné k druhé výšině, až k dosažení koutku světa vzdáleného.

Spát v klíně šlechetného dubu, je vždy nejvíce uklidňující věc. Svaté souznění s pradávným koloběhem nočních bríz, dávnověkých snů.

V takovém létě - obrovský je les, houštiny, bezuzdné louky – trochu plejstocenní život bratrův a můj. Civilizační trnutí je pryč, kroky svobodné. Bez střechy se pohybujeme skrze prostory a objemnosti přírody, jakoby pralidé. V houštinách hluboce zelených, stině prostorných, nacházíme hojnost divokých bobulí, čerstvých a sladkých výživné opojení skrytých cest.

Taková byla léta: hojná, vzdálená, v nich se dotkly prvotní živly našich bytostí s pradávnou radostí přesně jako losa, rejska či mývala.

VEREDAS Y VERICUETOS
GREAT BARRINGTON, MASSACHUSETTS
NA PAMÁTKU:
GREAT BARRINGTON, MASSACHUSETTS

HLEDÁM STARÉ DOBYTČÍ LEBKY podél starých kamenných zdí. Dnes z nějakého důvodu nenacházím. Podzimní les zve a já vcházím do měkkého hnědého pološera. Voní koberec z listí, opojné jsou kroky . Ozvěny z Kalevaly.

Jdu dlouze a ztrácím se. Budu nocovat uprostřed lesního ticha? Nic nezneklidňuje a koberec je měkký. Přesto, hledej cestu domů.

Po dvou-třech hodinách toulání nacházím cestičku. Znovunalezení. Procházím kolem důvěrných domků: je tam tiše a slavnostně, přesně jako v mém dětství. Z bílých zdí, z klasických starých domů, žádný radostný křik, žádný hlas, ničí přítomnost. Přes roky, dlouze.

Cestička se vine mezi stromy gotického vzezření a já se vracím do babiččina domu. Procházka to byla dobrá, i když tentokrát jsem kosti nenašel. Setřásám únavu v mamutím křesle – patřilo dědovi – mezi řadou dobytčích lebek. Ty čeká dlouhá cesta do Montany. Přes kontinent.

Babiččin dům stojí krásně na kopci zeleném, hledí na nepatrný provoz na cestičce, na proud pryč.

Choulíce se na kraji statku, impozantně nad zmíněnou cestou, je stavba praneobyčejná, kde dříve byl domovem dědův mléčný skot. Být v této ohromné prostoře je jako nořit se do hluboké spleti jeskyní. V nějakém rohu nacházím kosti mývalů, zdánlivě tam hlady uhynuli poslední zimu, protože vstupní průlez se nachází krutě vysoko. Tyto kosti také pocestují do Montany.

Nejvýše nad statkem jsou jiné kopce. Tam vzbuzují úctu obrovské skály a šlechetné stromy, jako kalevalí. Koberce voňavého listí. Sedím tam a studuji knihu o matematice. Jsem 15-letý gymazista. Pryč je spěch a budoucnost.

Vůkol, místopis: zvlnění kopců, vzdáleně – bez konce. Stromů blizkost i stromů dalekost. Lidská znamení nejsou častá v dosahu oka.

Jsou místopisy milované mým dědou: tím chlapem, který snil o dávných časech a sbíral špičky indiánských šípů v horských dálavách.

Za života, děda vlastnil poklad, velký kámen hladce oblý. Bylo to dinosauří vejce a nikdo neměl právo pochybovat.

Babiččina a dědova farma, stará, klasická, novoanglická, také obsahuje zeměpis.

V domě prarodičů jsou malé i velké pokoje, ve kterých, již vícero let, vládnou stíny. Bez rozdílu jsou to ty, do kterých se už dávno nevchází. V jedněch i druhých bych zůstal dlouho, pohroužený do temnoty nebo nostalgie.

Je tam černé leštěné schodiště z masívního dřeva, kroutící se výš a výš – v dětství se zdálo tak gigantické a bojovaly tam armády bytostí.

Nahoře jsou pokoje vysoké a prostorné. V jejichž klidu jsou stopy zvadlé i jasné.

Z oken nevidno nic, kromě vysoké elegance větvoví stromů.

Ještě výše se nachází podkroví. Během desetiletí se tam v prachu navršily hromady a hromady knih. Prarodiče je rádi čítávaly v toku času. Tuto náklonost mi předaly.

Babička ještě žila, v tom čase. Žila osamoceně, poustevnicky; přátelila se s ptáky a stromy.

Večer mi babička dává první lekci německého jazyka: "Das

ist ein Hund. Der Hund ist ein Tier." Je to její první jazyk. Toužím jej ovládnout. Ještě dnes, po tolika letech, má babička ležerní německý přízvuk ve své angličtině.

Pobyt na staré farmě se brzy končí. Opět se vydáváme na cestu přes kontinent. Lebky dobytčí i mývalí nás doprovází, chráněné v krabicích.

Ve větry umetaném tábořišti ve Wyomingu, s bratrem přetřásáme kuriozní bytosti dávných epoch – opakovaně hovoříme, dlouze, hluboko do noci. Když spíme, navštěvují pravěká stvoření naše sny.

Babička zemřela několik let po té. Byl jsem 20- letý. Statek jsme museli prodat. Ztratit tento statek bylo jako ztratit koutek vlastní duše.

FLUYE UN RÍO
MONTANA
MONTANA: ŘEKA BĚŽÍ SKRZ

Říčka, plná kříšťálové horské vody, se vine skrze i přes tlusté kořeny starých bavlníkových topolů a nad mnohaletým měkkým ložem z kamínků: má svoji píseň, svůj pradávný hlas.

V noci si svit luny vtipně pohrává podél celé délky říčního hřbetu. Za pšeničnými poli, v kilometrové vzdálenosti, stojí stínuplný lesík vzrostlých bavlníkových topolů. Tam, pod prachem pokrytém větvoví, je tiše ve stálém šeru, jakoby ve svatyni starobylosti. Celkem nahoře, pod střechou z listí, obrovská sova má své hnízdo, své oblíbené místo. V hodinu soumraku rozeznívá svůj křik po celém okolí, hluboce a s ozvěnou. Stará lesní chatička se už dávno navrací zemi, pomalu se rozpadajíc přijímá její bohatou hněď. Kdysi jsem vedle našel mrtvolu velkého bílého králíka, přeludový mezi stíny a prachem: poslední pelech.

Nikdo tam kromě sovy a mne, uprostřed chrámového klidu,

šera: my jsme potomci starobylé země.

Vedle lesíku je stará zásoba slámy, kde mohu dlouze sedět a meditovat: Budha ve svém svatém háji.

Vodorovně, vzdáleně, pohoří působí dojmem hluboké modři.

Nahoře nebeská klenba, světle modrá a křišťálová, široce se rozprostírá jakoby vesmírný prostor.

U paty velkého, stářím sílného, kořene bavlníkového topolu je říční tůň. Na dně, jasně rozeznatelná skrze křišťálově čistou vodu, leží v zapomenutí kostěná dobytčí čelist. Možná se stane fosílií, nebo zhyne, ztratí úplně svůj původní tvar?

Na krajích říčky, si vodní vydry čile hrají a loví, sytí se hojností přírody.

Podivný hmyz si vyrábí schránky, geometrické domečky z miniaturních kamínků, hnízdí na dně řeky. Velké okouzlení mi skýtá tento hmyz. Sedí tam tak klidně, zatímco nahoře řeka proudí stále dál. Centrum má jejich vesmír tam, ve skalní hlubině.

LAS ESTACIONES
MONTANA
MNOHOBAREVNÁ MONTANA

La Montaña Blanca
Bílá Montana

Zima v Montaně je hluboká.

Když vládne velký chlad, nejlepší jídlo je pevné maso losa, uloveného v horském údolí v podzimní slávě, plněsytá je jeho chuť.

Za mrazu, se říčka, protékající naším statkem, stává bezpečnou pěší tajnou cestou. Tehdy pro napojení stáda je zapotřebí dobrá sekyra a čilá síla pro sekání.

Když se trochu zmírní počasí, králíci i zajíci radostně tančí svůj praznámý tanec v tichých sněhových rozlohách, pod vysokánskou šírou klenbou nebeskou.

Vzdáleně na horizontu, bílé hory vyhlížejí tak křišťálově a tak magicky, že se zatouží mít křídla, aby tak mohl jich dosáhnout a letět v údivu nad jejími vrcholky.

Pokrytý mnoha vrstvami oblečení, v mrazivém větru nemrznu. Mnoho kilometrů pochoduji skrz kopce a údolí. V domě je dostatečně teplo. Z vysokého okna mé ložnice, rozjímám o víření sněhových vloček po velkých prostorech, a o kymácení se starých topolových větví pod silným větrem.

Řička je ledový pás mezi jantarově zbarvenými keři, a nehýbá se.

La Montaña Verde
Zelená Montana

Na březích říčky mladé traviny jsou čerstvé měkké a smaragdově zelené.

Říčka teče s novou a hojnou čilostí vod , pocházejících z horského sněhu.

Pestrobarevní kolibříci záříce spěšně poletují z květu na květ. K břehu říčky se nejvíce hodí přinest dvě věci: rohož na sezení a výtisk *Upanišády* na čtení. Smáčet se dlouze v prarytmických písních řeky, v hluboké duchovnosti hindských mudrců.

Často mé kroky vedou k dávnému háji bavlníkových topolů se sovou s hlubokým hlasem. Na polích, sousedících s hájem, pěstují pšenici pod modrou dálavou pohoří. V dospívání jsem snil, že já sám budu vlastnit a obdělávat tato pole, mít malý dům pod hnízdem sovy a pod vysokánskými zaprášenými větvemi bavlníkového topolu. Tehdy, na konci pracovního dne, sladká dívka by mne něžně laskala a líbala v lesním šeru.

La Montaña Dorada
Zlatá Montana

Mám velkého pevného aljašského psa. Když šplhám do kopce, je to jeho síla, která mne táhne nahoru.
Náš pochod vede do dálky, a nebeská klenba je stále širá.
Koně radostně běhají ve vysoké louce. Líny dobytek zmagnetizovaně a zvědavě hledí na náš průchod.
Žáby čilé skáčou v kalužích podel cesty: poslední deště byly přeci životadárné.
Na všechny strany se kopce modrají do daleka.. Sokol letí nahoru, ohromně vysoko jakoby se chtěl ztratit v šíravě prostoru.
Dalece, na okraji dohledu oka, je silnice: sluneční paprsky se blýskavě odrážejí od karavany aut. Je to jiskrná stuha.
Už jsme pochodovali mnoho hodin a mnoho kilometrů. Můj pes se neunavuje, protože má mocné srdce. Já se neunavuji, protože jsem opilý vzduchem. Přesto je nutný návrat k hodině soumraku.

La Montaña Gris
Šedá Montana

Podzim v Montaně je vysoký vítr mezi kymácejícím se větvovím starých bavlníkových topolů. Vysoký vítr ve vzdálené zemi, a obloha plná šedých přízraků.
Dlouze vržou větve nad naší střechou. Tam nahoře je můj horní pokoj, uhnízděný pod váním větru. V pokoji je velká pohodlná postel, a vedle ní prostorná police na knihy.
Večerní hodiny jsou hodiny ležení a čtení.
Nedaleko postele je také velká prosklená skříň. V ní se v dobrém počtu nacházejí lebky různých savců. Největší jsou ty od medvěda a losa. V jejich očních otvorech mají útočiště stíny

hustých pralesů. Jsou mnohé jiné lebky, některé velmi malé.

VIAJE AL FARWEST
1989
CESTA DO HOR FARÚESTE: 1989

Karavaně, jako vesmírné lodě, velké kamióny překonávají obrovské prostory po nekonečném pásu silnice. Dál a dál, směrem k velmi vzdáleným ohromně rozprostřeným horizontům.

Žádné lesy, žádné domy; jen řídce malý a bezvýznamný bod: skála, kůň nebo vůl.

Rozlehlost tolik svírá moji duši, že několikrát musím zastavit vůz, abych pro nedostatek dechu, neztratil vládu nad volantem.

CHEYENNE, CASPER, SHERIDAN: tato města jsou řídké, ztrácející se body v dlouhé trajektorii na sever. Konečně přece jen hory a státní hranice: Montana.

LODGE GRASS, BILLINGS, BOZEMAN: v údolí je krásná jarní zeleň, a v tocích hojnost průhledných sněhových vod.

BOZEMAN. V chatce mého bratra, oheň ze dřeva tančí proti nočnímu chladu vysokého vzduchu. Malá, ale dobrá postel, čtecí lampička, román od Hemingwaye. Usínat zdrogovaný vůní hořícího borovicového dřeva.

Brzy po ránu pohled z okna trefuje soustavnou krásu vzdálených hor.

Ve dne je nutné znovu vidět stará místa. Jedeme ve velkém staříčkém autě, které bratr koupil za 200 dolarů. Auto funguje jen sporadicky – jen náhodně a se štěstím - ale tento den jde všechno hladce.

Nejdražší v paměti je háj, kde bydlela sova, ve starých časech. Na štěstí, i přes skutečně zajímavý moderní přepychový dům pod stíny stromů, ne mnoho se tam změnilo. Obyvatelem přepychového domu je prý, v regionu známý, písničkář. Mimo různá zjevení se takových luxusních domů, jsou změny skutečně jen řídké v údolí.

Obědváme ve farúeststylové restauraci pod velkou hnědou sochou medvěda. Medvěda, který tam byl už od nejranějších let.............

Je tam otec: srkajíce ranní kávu rozjímá o náhodně v paměti utkvělém horizontu pohoří s klidem stáří. Po tolika letech ještě hovoří krátkým tónem starého NovoAngličana.

Ne příliš daleko od otcova domu jsou tmavá horská údolí. Tam se toulají lesem temní losi, praotcovsky a majestátně. V těchto údolích je silná vůně borové pryskyřice a skrytých hlubokých jezírek.

Na zpáteční cestě: znovu putování rozlohami. Za sebou nechané hory, opětovné krajiny Wyomingu jsou útočné rány rozlehlosti. Avšak tentokrát střídavé vzájemné hlasité čtení vědecko-fantastického románu, účinkuje jako polykač kilometrů.

Pro ohromné prostory, pro tíseň z prázdnoty, je Wyoming možná nejvhodnější místo pro mimozemskou fantazii. A skrze takové krajiny běží bez zábran síla představivosti.

V CASPER neustálé větry profukují se stálou ponurostí, roztrpčují pusté kopce.

Opět v Nebrasce, mezi PINE BLUFFS a KIMBALOU, smršť blesků vybuchuje na obrovském horizontu jako gigantická bomba. Opakovaně, jako během vesmírné války, kilometr za kilometrem.

MONTAÑAS VERDES
OTOÑO 1991
PODZIM 1991: "ZELENÁ SÍDLA"

SUCHÉ JE LÉTO V NEBRASCE. Nyní je všude žlutost a prach.

Na farmě spaluji odpad ve velkém železném sudu. Dlouhé

železné jsou pruty, kterými vířím obsah nádob, aby lépe shořel. S tím železem v ruce jsem nostalgický. Dotek, rozměr jsou skoro shodné s těmi pruty z chaty dony Blancy, s těmi nástroji, které výborně držely zavřené všechny dveře během divokých tropických nocí.

"Už se stáváš světoběžníkem", říkají někteří. Skutečně, má hlava je přeplněná představami, pocity: právě tohoto světa.

V Lincolnu je dobrý starý muž, Otec Vlk. Muž vysoké postavy s drobnou šedou bradkou, bezvyjímečně zdvořilý dle způsobu. Otec Vlk je také perfektně, bezchybně dvoujazyčný. Potomek welských misionářů, dospěl v El Salvadoru a v mladém věku emigroval do USA. Během let, jeho opravdovou trvalou láskou byla Střední Amerika. Před několika lety jel na jih do El Salvadoru mezi nejistotami takové cesty: gerily, střílení, příležitostné bombardování: jejichž znamení a stopy nechyběly na této trajektorii.

Rozmlouvat s Otcem Vlkem byla vždy nová zkušenost, oživení. Mezi jeho Střední Amerikou a mým Veracruzem bylo mnoho podobného, ne-li stejného. My oba souhlasíme, že v těchto zemích je krása........., kterou si může uvědomit jen ten, kdo tam někdy prošel.

V obchodě se starými knihami jsem náhodou našel *Green Mansions* ("Zelená Sídla"), od W.H.Hudsona. Román se zdá být zajímavý. Opravdu, stane se mým velmi dobrým společníkem během nových cest.

Můj úmysl zůstat v Lincolnu je promarněný. Laboratoř Harris rozhoduje nepoužít mne jako pokusného králíka. Chybí práce. Na druhé straně opět volají cesty.

Cesty: OHIO: tam nechybí krása: úctu vzbuzující farmy, občas velký strom. Ohio a *Green Mansions*. Víla (víla?) v románu je Mária Eugenia: znám ji i její svět. A teď : láska a svět, už ne.

Soumrak: NEW YORK: scéna viděná skrze autobusové okno

se zdá být extrémní, ohromně zlověstné smetiště. Bandy zlotřilých černochů se hrozivě potulují po temných hnusných ulicích.
Hodně dlouho musím čekat na newyorské autobusové zastávce. Místo k sezení se těžko hledá. V škaredé místnosti se tísní skupina zlotřilců. Trochu místa je mezi velkým černochem a tichým vousatým bělochem..
Zatím konstatuji, že místo je zkažené do hloubky: pod protější sedačkou si nemocně-šedá myš svobodně hraje mezi prachem a odpadky. Černoch začíná vzdychat a slovně hrozit. Abych se mu vyhnul, oslovuji vousáče. " Nemluvím anglicky" říká " kterým mluvíte?" "německy". Na štěstí pro mne. Tento jazyk svým způsobem umím. Podrážděný černoch zůstává stranou. Zdá se, že i čumí údivem. Němčina není škaredý jazyk. Hodiny odklouzávají v pořádku. Konečně přichází můj autobus. Dávám nashledanou Německu – krásné zemi.
Můj spoluřečník si všiml, že během rozsáhlých cest po Evropě – Západní i Východní, nikde neviděl takovou bídu, jaká je pozorovatelná v americkém velkoměstě.
Autobus do Hartfordu je plný černochů. Mluví o násilí, pistolích, zabití. Noční vzduch je teplý, skutečně čerstvý. Klasická Nová Anglie se, tu a tam, objevuje z časně zářijové temnoty.
Strýc a Teodor mne nacházejí na autobusové zastávce v Hartfordu. Zdravím svoji krev, svůj rod.
Přicházíme do Storrs dost po půlnoci. S Teodorem se rozhodujeme kráčet po křivolakých nočních cestách, procházet se dlouze do rozednění.. Je krásná zářijová noc ve vzdáleném koutku světa – odvážil bych se říci, čarovná. Najednou trošku poprchává. Automobilová světla se bíle a velmi dlouze zrcadlí podél cest.
Během těchto prvních dnů dočítám GREEN MANSIONS. Jaká krásná kniha, i přes nepravděpodobnou zápletku (základní úroveň). Možná první román na světě , ve kterém je podsunuto

ekologické poselství.

Zjišťuji, během těchto dnů, že v tomto malém koutku světa jsou také zelená sídla: mech, zelená temnota pod střechami stromů, a sem tam liány tropů.

Teodor má místo, kde rád čte. Jedná se o mechoviště na kraji lesa. Tam také on vstřebává *Green Mansions.*

VAGABUNDO EN EL NIPMUNK
POCHODUJÍCE PO NIPMUNKU

BYLY TO DIVNÉ ČASY, časy putování po zemi.

Stávám se pouličním pobudou. Dosvědčuje to zchátralý stav mých botou. Botou za jejichž trvanlivé pohodlí jsem přesto vděčný.

Jsou to boty, které před nedávnem intimně poznaly tropickou savanu.

Ani střecha ani jídlo nejsou jistotou ode dne ke dni. Dnešek se stává útěkem před zítřkem.

Pronásledují mne kvůli dluhům, obrovským dluhům: telefon se stává nástrojem hrůzy. Nacházím klid jen v lesní isolaci.

44 je silnice. Na ní auta spěchají. Nad rychlostní dlažbou visí, tu a tam, z větví gotika.

44 vede k místům, ke kterým já nejdu: Providence, Cape Cod.

Já přicházím do krajiny dávných skal a skrytých vod: milovaných soumračných prostorů.

Do hor šplhaje, klikatí se cestička.

Po mnohahodinové chůzi je ještě stále slyšitelný, slabý – z dáleka, ale přece zřejmý, hluk aut na 44. Je to vzdálený předaleký hrom: připomíná cesty, předlouhé cesty a předlouhá putování po zeměkouli.

Pravděpodobně tento hluk přenáší skalní řetězy horského svahu. Odpočívajíce na skále, vzpomínám: před několika měsíci jsem byl v tropech, ve Veracruz. Byl jsem na jiné planetě? Všemu se chce věřit. Tam ten svět není tento svět. Veracruz a Connecticut: je podivné tvé předurčení, ó poutníku. Vzpomínám na Dona Ismaela, Marii Eugenii. V trvalém soumraku novo-anglickém.

POR EL RÍO FENTON
STORRS- MANFIELD, CONNECTICUT 1991
V NIPMUNKU PODZIM 1991
STORRS- MANFIELD, CONNECTICUT

JE SILNICE 44 , a jsou dlouhé, předlouhé cesty: hle já, hle moje chození po planetě, po planetách.

Pochodování už unavuje svaly, příjemně. Skála, odpočinek, román od Harryho Harrisona. Dobrodružné světy podivně blízké k těm mým, k těm našim: topím se v těchto stránkách. Hle já jsem také lidská bytost pronásledována zlomyslnými ještěry.

Prozatím mám skrýš. Mezi mým lesem a tím od Harryho Harrisona je jen minimální dělítko, zemská hranice skutečně ne.

Ten Harry Harrison, který rád navštěvoval Jugoslávii a měl rád Esperanto. Nyní se Jugoslávie začíná rozpadat. Z temných, prachem pokrytých rakví – děloh osudu – se znovu rodí zlomyslné přízraky nenávisti. V ničených městech, jako houby, rostou hřbitovy, ve kterých děti hrají strašné hry. Krásné děti, váleční potomci, děti se světlými vlasy, modrýma očima a mohamedánskými jmény.

Pod kopcem v propadlině teče řeka Fenton.. Fenton je starý přítel. Je skutečně z mých nejstarších. A jedná se opravdu o velmi dávnou řeku. O tom svědčí hluboké skalní vrstvy v řečišti.

Hle temné místo. Pro střechu stromů a úbočí tudy Fenton protéká stálým šerem. Jsou hojné záhony bohatých mechů, temné koberce. Na některých místech je nutná opatrnost při přecházení, protože uklouznout na vlhkém mechu, by mohlo znamenat 8-

metrový pád do srázné rozsedliny toku. Přesto, zdejší místo je mým temným rájem.

Cestička po Nipmunk má další větve. Zítra procházím po zemité cestě rovnoběžné s 44 přicházejíce k jiné prostoře. Tuto cestu, podél kopců, lemuje novoanglická klasika: domy, kamenné zdi. Staré domy jsou už mnoho let zamčené: domy přízraků.

Jiné domy jsou obydlené. Jsou dva-tři černí psi, kteří, s obličeji temnými, štěkají na moje přiblížení. Jejich dlouhá, hladká těla a špičaté hlavy nutí přemýšlet o nějakém agresivním pravěkém ještěrovi.

Brzy vcházím na část cestičky v Nipmunku. Pochody lesem a nad tkaninou z gotických kořenů. Málo lidí, míjejících; tu a tam chlap mlčenlivý, nezdravící. Jít podle cesty v Nipmunku je určitě slavnostní událost.

VERICUETOS DEL TIEMPO V NIPMUNKU: ČAS BYL

CESTIČKA ČASTO NÁSLEDUJE KROUTÍCÍ SE TOK FENTONU. Tady také říčka proniká skrze prostory vždy černé: hle temné cesty pro temné časy. Zakrátko přeci jen překonává velkou žlutou louku, jejíž opuštěnost vydechuje pravěkou náladu. Tam, na kraji lesa, slabě očekávám náhlé objevení se skupiny útočících ještěrů.

Harry Harrison mne doprovází v batohu. Také dva hubené sendviče, tři hubené ovocné plody. Životní potřeby pro tuláka.

Vody Fentonu. Víří se proti tlustému kořenu stromu, vhodné místo k sezení. Opět se smáčím ve stránkách Harryho Harrisna. Svět na těchto stránkách je můj svět. Řeka vedle je moje řeka.

V dohledu je koupaliště – klidný říční záliv – mého sedmého pozemského roku. Na tomto místě jsem v tom věku chytil do sítě velkou agresivní žravou želvu: strašidelně zuřily její čelisti, tlama!

A byl elegantní, "kovový" hmyz vířící s obdivuhodnou zručností na temných pradávných vodách: první vzpomínky. Dnes také oni nechávají jepičí stopy v klidném šeru.

EL ESPEJO DEL TIEMPO
ČAS BYL: Z PODPOVRCHU

Strýc má velký psací stůl. Na něm se věci hromadí dlouhý čas. Prostor přeci jen je, skleněný povrch, pod kterým leží různé fotky jako ve vězení.

Pod sklem jsem já , 9-letý kluk, na celkem svěží fotce: časová hříčka arci.

Hledím odtud s výrazem seriózním, trochu smutným. Výraz ještě čerstvě můj. Přítomnost a přítomnost: pod a mimo skleněnou vrstvu.. Petr rozjímá o Petrovi skrz zrcadlo času. Který čas je nejreálnější: tehdejší nebo dnešní? Stojím u soutoku, skleněného.

Na strýcově psacím stole leží náhodně kniha, kterou prozatím čtu. Náhle mne napadá: výborné místo pro tuto knihu. Jedná se o francouzskou knihu o Estonsku, psanou ve 30-tých letech. Kniha má krásný, elegantní, styl.

Autor, skutečně francouz, očividně miloval Estonsko, smočil se v jeho duši. V tom čase Estonsko, krásná země, pohádkový koutek světa (množství vašich středověkých zámků zve ke snění), bylo mladým nezávislým státem, ve kterém byli hrdi na cesty pokroku. Avšak brzy – o tom neměl autor zdánlivě ani nejmenší podezření – mladý hrdý stát tragicky zmizí. Postupné hrůzy Hitlera a Stalina: Tehdy bude 40-letý zimní spánek. V nynějším roce Estonsko opět začalo být, nachází se nad skleněnou vrstvou časů. Historie má své podivné návraty............

Traducciones de Jindra Opršál

FINLANDÉS

TU ROSTRO, CINCELADO DE
LOS ANTIGUOS DÍAS
KASVOSI, ANTIIKIN PÄIVISTÄ VEISTETYT

Kasvosi,
antiikin päivistä veistetyt
voivat olla vain klassisen kauniit.
Huulesi tehtiin
pyramidien olemuksesta,
ja soittivat huilua
jo muinoin.
Saithan geenisi
kaukaisen kiven musiikista.
Kuitenkin pitkä ruumiisi
on kauriin kuva, tästä ajasta.
Minua haluat syleillä
enimmällä nuoruudella.
Sinussa Eldoradoni tanssii
halki tuhannen vuoden lakeuden.

reynosa, tamamlipas, 2000

BANDIDO
ROSVO

Rosvo – mitä kätket jättihattuusi
- niin mustaan ja suureen, niin sopimattomaan?
Hämäränhetken polut.

Missä, kulkuri, on isänmaasi?
Laajalla harmaalla aavikolla
missä kummittelevat maa ja tuuli.

Ryöväri – mitä ivaat?
Tavallisten hetkien arkipäiväisyyttä
ja tiettyjen gringojen hiirensydäntä.

Mille omistaudut, kummajainen?
Olen tähtien lampuri,
kaukaisten valojen ainainen tuijottaja.

Rosvo – missä on pakopaikkasi?
Yön ytimessä,
täysin sivussa päivänvalon pehmeydestä.

Kadotettu – millaiset tiet kutsuvat sinua nyt?
Hämärän piikkimetsän tiet,
missä voin vaeltaa kuivien aaveitten joukossa.

Rosvo, mihin heität säkeesi?
Sattuman mahtituuliin,
minulle outoina pysyviin maihin.

reynosa, tamaulipas, 1999

**Traducciones del Esperanto al finladés
por Amja Karkiainen**

NÁHUATL

HOMBRECIERVO
TLACATL MAZATL

Yeh, pitzahuac, cuauhtic, ica ce yoliliztli ihuic piltlahtoani.
Atlacatl, tel nian noihqui yolcatl,
amo ce teotl, nozo cequi tehuayolcatilli.
Zanen inicquitoa ihuic ce tecuicuilli;
zanen ihuic ce tlacatl nehuemini.
A nicmati tlein nehca, huan tel nehtlachixqui
in tlein in tlacatl mazatl yehpia nemiliztli,
cana no ihuic ianolianini cenquiztli
itepoztli ixpan.
Ihuic cequi nehpia chixcaca:
in tlacatl inictecuani.
Tlayohuallo huan icecuiliztli.
Tlayohuallo icualnezcayotl, ipilticayotl,
iamixmachtli nauhohtli.
In nehcatlachia tzala ce calli babilotl,
amoquincantin.

Zanen tehca zan niman tlapixqui,
zolli, ihuic in atetechacini cihuateotl Astarté.
¡Ecue! ¡Ehcecepatic iixtelomeh tetzalan in pohualxiuhtiliztlieh!
Tzala in ahuic in nehcatlachia
tzala in ichtacayotl ihuic ce teopantli tlalnetoqui.
Zanen nepa yehpia mixtlayoltica uapameh ihuic teocuitlatl

nozo hueliz in tetonameh xolotontli ic tlahuacapanixtlalhuac.
In Tlacatl Mazatl: ihuicpa mochipan yehchialia.
Ihuicpa mochipan yehchia. Huan ic in amilquilizyotl.

LOS GUERREROS JAGUAR
IN TEYAOTLAMEH OCELOTL

Nican anehuanca, in teyaotlameh *ocelotl*
anehuanenemi popeyoca intzalan tlapalmeh.
Anehuantecuani, yeceh tlatquitlacatl,
anehuanmictia cactihuetzic
in tlacacozcameh chahuac.
Nican, aco in huey tepancalli
icniuhmeh ic tlacatl altepetlahtoani
in tepozmacuahuimeh anehuanacohui-
-in nacaztzonteyotl, in tlamahuitzotiliztli anehuanacohui-.

Ocelomeh canyepan quetzalcozcameh
anehuantepactli nic cemiac
aquin anehuantzatzilia, aquin anehuanchitoni,
auh aquin inicmoyetztica
co motehixteuhtli copa achitoncaliztli.

Ocelomeh, amehuanohuicaquixtia
copa in tlatzihui quinamemeh.
Cana Luz María auh nech.
Anehuantzatzayania in tezcameh
copa in achtopan tlacuilolli;
in amaometlacuilolmeh anehuantincetilia amehuancocotona.

¡Axax teyaotlameh, amehuanyolia!
Amehuantlatza chicahuac aco in chinamitl copa in pinahualiztli
cualohtli aquin inicayi cocotonani
cana ihxipan copa Frida Kahlo.

CINCO CHAMUQUITOS
MACUILLI TECELOPILMEH

"¡Toiuhca tehmaca cana pilhuatia!"
Ihquin yehihtoa nochiquitl hueltiuhtli
In oquic ipan tenqui itotiliztl
Temohuia icuaitl
Ipan nohuitetl.
Huan nehihtoa "intla, ipan nohuitetl
Aco axcan anehuanca macuilli
Chamapilmeh
Ahuilatoani; huan
In tlalticpac in anehuanixmati.
Cecen ce anehuanca ce Alejandro
Ihuic ce atleinemic cuacuahuitl;
Ixachi tlalmeh yehmatoma
Huan inic yehihtoa ipan baluquistani,
Nozo ipan putonghuá.

Reynos, Tamaholipan, 2003

TORRES Y BUITRES
TEOCALMEH IHUAN TZOPILOMEH

Teocalmeh,
teocalmeh ihuan tzopilomeh
huey teocalmeh in miquiliztli,
te tlapixque
in cenca cennohuian
in cenca centlani;
huey teocalmeh itzotl
iómitl iztac,
ihuan tzopilomeh;
tehuantin tlacuani icacahuatic
iahuiyaliztli tzopilomeh,
totlacualli:
ihuel techichinatz
itelpocame itenamictli
teopixque tehuantinca
in aocac;
huey teocalmeh in miquiliztli;
huey teocalmeh
ihuan cenca huecapan.

MENSAJE PARA EL MURO
AMATLACUILOLLI NIC IN CHINAMITL

Inin in nehpia aquin neyollomaxi,
¡axax Chinamitl!
Aquin tehaxcatia ihuic ayi tlaxochihuiliztli
aquin mochi in cachicatl inon tlazaloltia
Yeceh ayemo ihuicpa oncan tehquiza
tehxicuetzi.
Huan ca aquin tehca in mocha atomiyotl;
tehca ocenca miec tlapetlauhtli aquin ce tlalconetl.
Atleitacatl ihuic tlilmachiotlteutotl tlachixquimeh
aquin toixtelomeh techtlachihuia;
atleitacatl ihuic telpochmeh teocuitlaticmeh
mototia tlani ce aco tonatiuh tlaceceyotl.
Cah, inon in tehca ce tlalconetl.
Cecec, motlailtiani, ihuic tlapalli
ihuic tlapehuilomeh, mitzhuilana
ihuic ic anahuatl cana anahuatl.

Amo mitznequi, ¡axax chinamitl!
Yeceh, ¿quenin nehhuelitiyotl chichi
ipan moixtli,
ihcuac nian ixtli yehimacaci?

Traducciones de Salvador Duarte

ALBANO

TIERRA DE NADIE
VENDI I ASKUJ

Cepi i botës.
Vendi i askujt.
Ta besosh, s'është e lehtë;
Oh, çfarë cepi i botës.
Përceptim nihilist
i murmësisë
Po e pushton botën.
Menca what-a-burger
Tepër larg tashmë nga
Ura Jep shenjë
për fitoren
E banalitetit të madh.
Endërra amerikane.
Kufitarët patrullojnë
Ato palë rrugë

jo të largëta.
Nuk është atje
Muri i Hadrianit.
Endërro telin me shumë
thika.
Endërro ëndërrën
amerikane;

Ha uat-a-burgerin.
Atdheu tjetër
Cepa nuk ka,
-as atë dreqmuri –
Por kokën e argatit
e ngre Në Crete,
Nebraska
Dhe Storrs,
Connecticut.
Po ngrihet një hënë blu.
Ha tamalet.
Lumë me baltë;
kërbishtorë ujorë.
Bli tesha të përdorura
Në ngrehinën
e vjetëruar
Në mes të një
askundvendi.
Bli një togë[1]
të përdorur;
Ëndërro për Perandorinë

UN EDIFICIO
NJË NGREHINË

Një grehinë në tokën e askujt.
Një ngrehinë në tropikun e trishtë.
Ngrihet ngrehina mbi të pasmet e veta.
Por qiellin nuk e përgëzon.
Ndonëse don që t'i prekë.
Retë me buzë Tamau.
Ngrehinë e askujt
Me dritaret e saj të larta
Dritare me arna,
Pa perde.
Fantazma ne dritaren e lartë.
Fantazma gri në tropik.
Ja, shihi ato, atë.
Njerëzit –insekte duhet të banojnë
Atje lart.
Disa njerëz lepurushë.
Disa njerëz drenushë.
Në dhomat më të larta
Të kësaj ngrehine,
Në vendin e askujt.
Pëllumba të vyshkur hynë brenda me fluturim
Me mesazhe,
Për lakuriqët e murmë.

Përrreth nis të ngryset.
Përrreth ngrehinës.
Robotët do kalërojnë sipër.
Androidët do vallëzojnë.
Më lart, qingjat elektrikë.

COMMODUS
COMMODUS

Mbase nga një filozof
-një filozof - perandor
Vetëm një çapkën i keq
I paditur mund të dilte.

Sa prerazi je ndjerë ti
Duke vrarë një xhirafë
Brenda koloseut të mbushur plot.
Një orangotang nga qyteti i përjetshëm,
veshur vetëm me parenë[1]
Me lëkurë leopardi
Pasqyrë vetë e
Afrikës ti do dëshiroje të ishe.

Oh pasqyrë, oh pasqyrë!
Kush mund të jetë më groteske?
Mos vallë Commodusi?
Apo Spidermani?

[1] Veshje romake ceremonial

ADRIANO
ADRIANO

Ti ke ndërtuar Murin,
Por pa tela me gjemba.
Për turp, jo.
Ushtarët hidhëroheshin
-hidhëroheshin në kufi—
Por vije ti.
Nga ana tjetër ishin gratë
Me nga 14 burra.
Udhëtimet e tua;
Gjithë jetën udhëtime.
Tepër ajër brenda ballonit
Të Perandorisë:
Para Bush-it, para Obamës.
Ushtarët që rrinë në kufi.
Ty, duke të pritur. Ty, kufitar.
Mjekër greke që rri patjetër në fytyrën tende.

Përktheu në shqip Bardhyl Selimi
Traducciones del esperanto al albano
por Bardhyl Selimi

ALEMÁN

BANDIDO
BANDIT

Bandit, was versteckst Du
unter dieser schmuddeligen Riesenmütze?
Jetzt, wo es langsam dunkel wird.

Wo bist Du zuhause, Rastloser?
An irgendeinem verlassenen Ort,
wo Erde und Wind sich küssen.

Räuber, worüber grienst Du?
Über das Banale unserer Zeit
und das Hasenherz einiger Gringos.

Was ist Dir wichtig, Fremder?
Ich bin ein Sternenhirte
und wache aus grossen Fernen.

Bandit, wo ist Dein Unterschlupf?
Ganz im Herzen der Nacht,
jenseits vom weichen Tageslicht.

Verlorener, wohin ruft es Dich jetzt?
Auf Wege durch einen dunklen Dornwald,
wo ich irren werde zwischen trockenen Geistern.

Bandit, wohin wirfst Du nun Deine Verse?
Voll in die Winde des Zufalls
und mir gänzlich unbekannte Länder.

-Reynosa, Tamaulipas, 1999-

ODA A MARCIAL
ODE AN MARTIAL

Göttlicher römischer Poet:
Lass mich Dich preisen
in dieser gesegneten Stunde!
Du hast damals so viele
in Deiner Welt verspottet -
die schönen, dummen Huren,
die hohlen, modischen Männer
mit ihren gefärbten Haaren.
Es wäre gut, wenn Du nun lebtest,
in dieser Zeit des Cyberspace,
auf der Schwelle zu
einem neuen Jahrhundert.
Schön wäre es auch, wenn Du
Deine Arbeit fortsetzen würdest.
Unsere schwatzsüchtigen Studentinnen
mit ihren bunten Handies
wären Deiner Feder würdig.
Jede Uni wäre doch ein
gefundenes Fressen für Dich...
Himmlischer Dichter!
Wenn Du nur den Glanz des kaum
geborenen neuen Jahrtausends
erkennen könntest, wärest Du sicher,

dass die endlose Folge der Jahrhunderte
nichts am Menschen geändert hat...

HOMBRE LIEBRE
HASENMENSCH

Ho, zwischen den Schatten, Du,
zwischen den Schatten da,
Dein seltsamer Blick von dort
aus hundert Jahren Staub!.
Du bist so still in Deinem Anzug.
Still wie das Phantom von einem Kind
mit bohrend schrecklich tiefen Augen.
Welche Kinder haben denn
mit Dir schon irgendwann gespielt?
Doch hiermit will ich
keine Zeit verschwenden...
Zu viele Jahre hast Du Dich
herumgetrieben in diesem dunklen
Gebärmutterverliess aus Staub & Glas.
Zu lange hat Dein
wirklich selten seltsamer Pelz
in lichtlosen Mansarden rumgehangen -
weit weg, ja zu weit weg, von warmem
Blut! Lebloses Ding,
bleib bloss zuhause!
Versteck Dich mal ein Jahr,
das Du getrost vergessen kannst...
Deine so kalte Eleganz ist nichts

für mich. & auch nicht alle
möglichen Geheimnisse

**Traducciones del esperanto y del inglés
al alemán por Wolfgang Guenther**

ISLANDÉS

HUYENDO DE LLUVIAS Y RATAS

Veturinn kemur með regnið með sér – úrkoman var meiri en venjulega að því að sagt var.
Regnfrakki og regnhlíf voru ómissandi, alls staðar og alltaf.
Það var notarlegt að flatmaga í stóru rúminu meðan regnið buldi utan við gluggann klukkustundunum saman. Ég lá og las eða lét bara tímann líða án þess að gera nokkurn skapaðan hlut.
Græn slikja leggst yfir grjót og trjáboli. Aftur birtast minningar fyrir huskotssjónum mínum, ýmisst frá Oregon eða Galasíu.
Í lok desember herðir enn á rigningunni. Rottuholur og munnar músaholanna hverfa undir vatnsyfirborðið sem stígur stöðugt. Döpur í bragði neyddust meindýrin til að flýja upp á yfirborðið og leita skjóls í mannabústöðum.
Stór úfinn rotta tók þá ákvörðun að lifa í sambýli við mig það sem eftir var regntímans. Hún tók sér bólfestu í eldhúsinu og krafsið sem heyrðist frá henni bar ekki vott um neinn ótta við mig að því er virtist. Ég tók engu ástfóstri við þennan nýja sambýlisfélaga minn. Að minni ósk kom húseigandinn fyrir stórri gildru í eldhúsinu. Þetta var ævagömul, ryðguð járngildra með stórum ógnvekjandi kjafti: til allrar hamingju fyrir rottuna forðaði hún sér frá banvænni gildrunni og lét ekki sjá sig meira.
Þessa dagana var engu líkara enn að regnið væri orðið guðlegt: grár regnfrakki hékk alltaf yfir íverustað mínum við árbakkann.
Flótti frá úrfellinu, flótti frá Chattanooga: af stað langt í burtu.
Í rútu milli Chattanooga og Nashville: augu mín voru sem

bergnumið af landslaginu sem blasti við frá veginum. Gvatfjall líður fram hjá þar sem það gnævir sem tignarlegur laukur í aftanskininu. Síðan blasa við útlínur skógi vaxinna fjalla og töfrandi smáhæðir líða framhjá þar til komið er að stórborginni sem böðuð er næturljósum. Þá kemur mér í hug að Ameríka sé eins og stórbrotið málverk.

Á leið minni norður á bóginn hef ég eignast athyglisverðan ferðafélaga. Var það íslensk-brasilískur maður sem hafði alist upp við tvö móðurmál sem hann talaði reiprennandi jöfnum höndum, hitabeltismál og tungu frá íseyjunni í norðurhöfum. Þessi óvenjulegi hæfileiki skýrðist af því að faðir hans, sem var sjávarverkfræðingur, hafði flust ungur til Brasilíu til að stunda rannsóknir í sínu fagi. Sonurinn, sem talaði ensku með dálitlum íslenskum hreim og spænsku með áberandi brasilísk-portúgölskum hreim, starfaði nú sem efnafræðingur við háskólann í Nashville.

Í samræðum okkar nutum við hverrar stundar langrar nætur uns við komum til St. Louis. Samferðafélagi minn hafði yfirgripsmikla þekkingu á hinum ýmsu málefnum: á íslendingasögunum, hitabeltisvistfræði ... Lífsreynsla hans var ekki síður áhugaverð, eins og t.d. flug yfir víðáttur suðuramerískra skóga á einshreyfilsflugvél ...

Viðmælandi minn sagði með stolti að þegar hann hafði heimsótt föðurland sitt sem strákur langaði hann afskaplega mikið til að tala portúgölsku við bróður sinn til að pirra frænku sína. Glampi af suðrænni sól milli jökla íshafsins ...

Eins og gefur að skilja harmaði ég að þurfa að skilja við slíkan ferðafélaga sem, líkt og ég, þekkti og þótti vænt um Verakruc, þetta ríki í Mexíkó, ekki síður en um Brasilíu þegar hann var drengur ...

Áfram. Kílómeter eftir kílómeter. Gul auðn víðáttumikillar sléttu og sölnaðra maísakra breiddi úr sér í allar áttir svo langt sem augað eygir. Ég fer að öfunda innilega ...

Ég eyði nokkrum dögum á búgarði fósturföður míns. Síðan leggjum við af stað – móðir mín, fósturfaðir og ég – á bíl inn á hálendið.

Á þessum árstíma er Wyoming einna líkust hvítri, víðáttumikilli auðn á annari reikistjörnu. Nístandi kuldi lagðist yfir fjarlægt Vestrið.

Í Casper eyðum við nóttinni á stóru hóteli. Stór salarkynni þessarar gríðarmiklu byggingar – ráðstefnuseturs sem kallað er – eru vel upphituð. Samt er fátt fólk þarna; einum og einum bregður þó fyrir. Það er unaðslegt að reika um stóra salina og vita af miskunnarlausu jökulríkinu utan dyra.

Úrfellið og rottan voru þegar horfin úr huga mér.

Fjarlægt Vestrið lokkar mig í kjöltu sína. Ég er sæll sem aldrei fyrr þar sem ég svíf í draumaheimi á hótelinu. ***

Junio 2008

*** Islandaj literoj kaj diftongoj:
Á, á = am en esperanto
É, é = je (jen)
Ð, ð = th en la angla the
I, i = i en la angla literature
Í, í = I en esperanto, lito
O, o = o en la angla knock
Ó, ó = om, o en la angla over
U, u = u en la norvega kunne
Ú, ú = u en esperanta nun
Æ, æ = aj en esperanto, rajtas
Ei, ei = ej en la esperanta ejo
Ö, ö = u en la angla butter am ö en la germana böse
Y, y = i en la angla sit (same kiel la islanda I, i)
X, x = ks
Þ, þ = th en la angla think am z en la hispana en azul

Tradukajo en la Islandigita de Sigurður H. Pétursson)-
Traducción del esperanto al islandés por Sigurður H. Pétursson

VOLAPÜK

ADRIANO
LAMPÖR, HADRIANUS'

Ebumol lemöni,
ab nen stigadrat,
nen jem.
Soldats ebinoms lügik
— lügikans in mied —
ab ol elükömol.
Votaflanöpo ebinofs voms
ko degfol himatans.
O lüg miedas!
E tävs, tävs olik,
lif lölik tävas.
Tävs, e mieds
lampöräna tusvolüköl,

as et ela, George Bush'.
Esvolüköl as bälun,
kel primikon kräkön.
E soldats, soldats
in mied.
Kim penomöv obe
se Lirakän flamöl?

Petradutöl se spanyänapük fa Brian Bishop
Traducción del español al volapükpor Brian Bishop

I
D
O

A OSAMA
A OSAMA

Filiacho dil misterioza Arabia
forte me salutez tu:
Usa dankez la mala vundi.
Certe—ho krio di kredanti!—
mem ante tua nasko leda
—longe antee, en tenebro maxima
dil utero matral, la bruna skorpioni
turbe habiteskis tua anmo
e facis grosa hemo
ek tua kordio en squato maligna,
ibe senfine konstruktante
la moskei di malico mezepokal.
Rivivez, Fanatismo, per obskura skarabei,
qui semas sterkacho, per la uceli engrosa.
Sputez, grosa turmi!
Flava skorpioni esamifez
inter la mil ruinaji.

A tu la krono glorioza,
ho buchisto de Al Manzor!
Kun kordio ne di homo
ma di insektacho grosa.

BANDITO
BANDIDO

Bandito – quon tu celas en tua gros chapelo
– tam nigra e larja kam defektoza?
la trekin di horo krepuskular.
Ube jacas, vagero, tua patrio?
En vasta, griza, dezerta loko
ube tero e vento fantomesas.

Raptisto – pri quo tu mokas?
Pri la banaleso di ordinara hori
e la mus-kordieso di certena gringi..
A quo tu konsakras tu, viro stranja?
Me esas mutonpastoro al steli
guatanto sempre di la fora lumi.

Bandito, ube esas tua refujeyo?
En la kordio ipsa di la nokto
tote preter la moleso dil jornlumo.
Perdito, quala voyi tun vokas nun?
La voyi di obskura dorn-foresto
ube vagar me povos inter sik fantomi.

Bandito, adube tu lansas tua versi?
Al potenta venti dil hazardo
a landi sempre da me nekonocata.
reynosa, tamamlipas, 1999

TUA VIZAJO, CIZELITA EK L'ANTIQUA DII
TU ROSTRO, CINCELADO DE LOS ANTIGUOS DÍAS

Tua vizajo,
cizelita ek l'antiqua dii,
nur belaji povas klasike.
Facita tua labii esas
ek piramid-esenco,
e fluton pleis,
ja prime.
Ya geni tua devenas
de muziko di la fora stono.
E tamen tua alta korpo
prizentas cervo, ek lo nuna.
Men tu volas embracar
per lo maxim di la yuneso.
En tu mea Eldorado dansas
tra vasteso di yarmilo.

reynosa, tamamlipas, 2000

Traducciones del esperanto al ido por Gonçalo Neves

P I N Y I N

(FONÉTICA DEL CHINO MANDARÍN)

PERDIDO EN MONTERREY
PERDITE EN LA SINO DE MONTERREY
DÙN XÍNG ZÀI MÉNG TÈ LÉI DE HUÁI BÀO

dùn xíng zài méng tè léi de huái bào
ā lā bó gōng mén zhāo shì zhe
měi、tán huā yī xiàn hé xiǎo wán yì de kǎi xuán。
bèi kùn yú lián jià de ā ěr hǎn bù lā yàn pǐn zhōng,
hé zhì ān jìng yǐ jí yāo yě nǚ rén yī qǐ
zhù lì zài xīn qiān nián de lí míng,
pín mín kū yǔ bào lì chōng chì de jiē qū
dāo gùn jìng yè suō xún。

bīn guǎn míng《La Silla》:《zuò yǐ》huò zhě《mǎ ān》
sān lóu yǐ gòu gāo yú yuǎn tiào
wéi bǎo shì qīng xī de mù sè
nà shí, wēi é dà shān chí xù biàn huàn zhe sè diào。
zhū shì dōu gē zhì yī biān: xiàn zài
dà bǎo yǎn fú。
gōng chǎng chén jiù, kù fáng tān fèi;
jīn shǔ wū dǐng de líng luàn de cóng lín,
qí jiān yōu yǎ de yě gē qún fēi:
yī qiē dōu zài qí xíng ér zhuāng yán de shān
fēng de yǒng héng zhī xià; yī qiē dōu lǎo jiù zài Harun
《yī qiān líng yī yè》gù shì zhōng
de hā lǐ fā)mèng de gōng mén。

gèng yǒu : gōng jī shí shí gāo áng de míng jiào 。
jī dàng shēng huó de 、 yuán shǐ de 、 lái zì qiān nián
yuán yě de gǎn jiào : zài zhè jù dà de gōng
kuàng zhī chéng de huái bào 。
yuán shǐ de míng jiào ! gè gè shí dài de hún hé
méng tè léi qiè yì de jū liú 。

SER POETA
ESTI POETO
ZUÒ GÈ SHĪ RÉN

zuò shī rén jiù yào bú lǐ jiě nà xiē
pǔ tōng rén hěn róng yì lǐ jiě de dōng xī。

zuò shī rén jiù yào hěn róng yì lǐ jiě
nà fán rén wán quán bú lǐ jiě de dōng xī。

zuò shī rén xǐ huān àn yè shèng guò rì guāng。
zuò shī rén xī wàng dàn chū
shuò dà de hóng tài yáng,jù shēn de hēi àn hé jù dà de
kōng jiān。

zuò shī rén jiù yào chuàng chū dà dà de jú hóng de huā
duǒ bìng yǐ sī fēn kè sī de chén jìng duān zuò qí jiān。

zuò shī rén jiù yào kàn nà yáo yuǎn de bái sè de
xīng xīng bìng qiě què xìn guān yú tiān é bān měi lì de
xiān nǚ cù yōng guò de zōng jì。

HOMBRE LIEBRE
LEPORHOMO
TÙ RÉN

ò，yīn yǐng zhōng de nǐ，
yīn yìng zhōng nǐ qí guài de zhù shì
ò，bǎi nián chén āi zhōng。
yīn wéi nǐ quán rán de chén mò
chén mò rú yōu líng zhī zǐ
yǒu zhe ruì lì kǒng bù de yǎn jīng。
shí me yàng de hái zǐ yǐ nǐ yóu xì ?
zhè gè wèn tí wǒ bú yuàn duō xiǎng。
nǐ zài nà lǐ zhù shǒu tài jiǔ
nà chén fēng de zǐ gōng bān de fén mù bān de
bō lí guì。
tài jiǔ，nǐ nà zhēn xī zào huà de pí máo
wěi suō zài gāo gāo de huì àn de gé lóu。
tài yuǎn，ò，lí wēn nuǎn de shēng huó tài yuǎn。
sǐ wù，dāi zài jiā lǐ ba
píng hé dāi zài bèi wàng què de suì yuè。
nǐ de hán lěng de yōu yǎ，duì yú wǒ
bú shì quán rán hēi àn wán zhěng de mì mì。
zài zhè zhū wǎng mì bù de huā yuán
qí tā de hái zǐ men wán shuǎ ba。

CAMPAMOCHA
MANTO
TÁNG LÁNG

zhè dì qiú shàng suǒ yǒu kūn chóng
zuì piāo liàng de wú yí shì
táng láng
tā piāo liàng, hè rán yǒu
yī qiān bā bǎi duō gè pǐn zhǒng。
zài zhè shì ròu de dī ǎi de shì jiè
tā shì gè dà jīng qí。
wán měi líng qiǎo de cí xìng liè shǒu
zài tài yáng de róng guāng xià
yǔ yì shǎn liàng de shàn zhàn zhě
zài dòng wù shì jiè de tián yuán。
táng láng yǒu jiàn cù bān de nǎo dài
wài xīng lái kè bān guài yì de nǎo dài
líng dòng de jīn shǔ bān de nǎo dài。
táng láng yǒu mí sàn de shì xiàn
zhàn bo bān mí sàn de móu guāng。
táng láng bú xiàng rèn hé qí tā shēng wù。
wǒ xiǎng dào nà xiē è shén zhī zhī shǐ zhě de
líng guāng shì qì
xiǎng dào mǒu zhǒng yǔ zhòu shè dìng de miù wù:
táng láng de yǒng héng kuī shì de
rú cǐ de yǎn jīng, rú cǐ de nǎo dài。

táng láng shì suí shí zhǔn bèi jiàng lín de sǐ shén
wú bǐ dì shì ròu de tāo tiè
bàn zhe nà kǒng bù de xuè xīng
rú kě jí de ā zī tái kè shén zhī，
rú gǔ lǎo de xié è de xī yì。
kǒng bù de xiǎo xíng jī qì，gōng néng wán zhěng，
xiū mìng bú kě zhàn shèng de liè zhě：
què yǒu zhe rén lèi sì de liǎn mào。
jìn huà zhī lù guài yì：
yě xǔ zài duì chēng de guǐ dào
guān yú wèi lái xīng qiú nǚ rén de xuān gào
yǐ jīng yán zhōng ér diǎn rán。

POCHITOLANDIA
POCXITOLANDO
BŌ QÍ TUŌ LÁN DUŌ

qì chē jí háng
zài kě ài de bō qí tuō lán duō
bō qí tuō lán duō （ér）
jí háng ér màn wú mù de 。
ā, lù de dà yuè jìn
bō qí tuō lán duō bú shì hé wéi huǎn màn 。

zhè gè dì fāng shū jí kuì fá :
bō qí tuō lán duō dú shí me ?
rán ér měi mù liú pàn zhě duō
hái yǒu màn miào zhī tǐ : bō qí tuō nǚ rén
bú fá nán rén de měi hǎo yàn yù
wǒ men zàn měi nǚ rén !
wǒ men shēn dú tā men
zài zhè wú zì de guó dù 。
hóng dà de bō qí tuō qiáo, wú yí ;
shì jiè yù zài bō qí tuō lán duō

HORROR EN KANKUN
HORORO EN KANKUN
KĂN KŪN DE KŎNG BÙ

shí guāng zài biàn huàn , rù yè shí fèn 。
lǚ diàn shē huá dì yōu líng zhe , dēng guāng ;
yě xǔ yǒu mǒu rén de mí hún zhī mèng 。

qì chē hū jǐn hū màn dì háng shǐ zhe
yán zhe qí zhǎng de dà jiē 。
wō , tā mǎn zǎi nián qīng rén !
chōng chì zhe měi guó wèi 。 nà zuì zāo gāo de !

"zhè chē shàng dà huǒ ér
dōu shì niǔ yuē lái de ma ? bú shì , wǒ jiù zòu nǐ ! "
"cāo niǔ yuē ! bō shì dùn wàn suì ! "
"fèi ba niǔ yuē ! fèi ba bō shì dùn ! "
"fèi ba , cāo ! qù dí sī kē ! "
"fèi ba , cāo ! fèi ba , cāo ! qù pí jiǔ wū ! "
ling yī xiē shēng yīn yī gè dé xìng ,
shèn zhì gāo dé lìng rén zuò ǒu :
"wò , kāng niè …dí gé zhōu wàn suì ! "

āi , wǒ tàn xī , kǎn kūn de kuài lè !
nà xīn qí , nà gǔ bǎo , nà bái sè !
wò , nà páng bó de hǎi tān zhī yè ---

wú xiū zhǐ de hài "tān "zhī yè, è mèng !
"fèi ba niù yuē ! fèi ba bō shì dùn ! "
"fèi ba, cāo ! qù dí sī kē ! "

Traducciones de Peng Zhengming ("Trigo")

HEBREO

LA BIBLIOTECA
HA SUFRIÁ
הספריה

היום אלך לספריה ואשב שעות ארוכות. ואני עדיין קצת שקוע במחשבותיי בין המורכבות של מפה אחת ישנה נושנה.בספר אחד, שלמרות שהוא מאובק הוא ממשיך להיות ספר. ובו עקבות פניי גבוה אעקוב אחריהם ואשב בשעות ארוכות. ואקבל אורו של חלון מן המישור הנדיר,ומרחוק אני רואה את המראה העתיק של היונה ישובה שמה. בחלון גבוה,והיא תיכנס לעיניי בכל הגון-שיושבת הצהוב שלה, ואחשוב על 'זאורים' שהם שומרים חסרי תנועה ששומרים על פירמידות. ספריה. הנה מקלט באצילות שהוא שוקט בימים שקטים ואני אשחה בים עתיק. .

LA BIBLIOTECA
HA SUFRIÁ

hayóm eléj lasifriá ve'eshév shaót arukót. va'aní adáin k'zát shakúa bemajshebotái béin hamurkabót shel mapá aját yeshaná nushaná, shelamrrót she'hú m'ubák,hú mamshíj lihyót séfer. ubó ikbút panái e'ekóv ajareijém ve'eshév shaót arukót. v'akabél oró shel jalón g'bóaj mín hamishór hanadír, umerrakók aní roéh et hamar'éh ha'atík shel hayonáh she'yoshévet-yashuvá sháma. bajalón g'bóaj ve-í tikanés l'einái bekól hagáven hatzahóv shelá, ve'ejshóv al zaurím shejém shomrrím jasrréi t'nuáh sheshomrrím ál piramidót. sifría, hiné miklát beatzilút she-ú shóket bemáim shketím vaaní esjé bayám atík.

LOS GUARDIAS FRONTERIZOS
SHOMRRÉI GUEBULÓT
גבולות שומרי

כי עיניהם את אראה לא אני ?.לי יגידו מה,לי מחכים גבול שומרי
עליי יסתכלו הם,הכל למרות אבל,שמש במשקפי ישתמשו הם
תייל,האפורים הקירות שומרי,החומה האדמה שומרי.ברורה בצורה
גדות על מחכים הם,שם שמחכים חרק אנשי .דוקרים ברזל חוטי-
.נהר גדות על מחכים שתמיד ,נהר

LOS GUARDIAS FRONTERIZOS
SHOMRRÉI GUEBULÓT

shomrréi guebúl mejakím li. me yaguídu li?-aní err'éh ét eineijém ki hem yishtámshu bemishkeféi shémesh, abal lamrrót hakól, hem yistáklu alái bezuráh bruráh. shomrréi ha'adamá hajumá, shomrréi hakirót haapurím, táyil-jutei barsél dokrím. anshéi jérek shemejakím shám. hém mejakím al gadót najár.

ANTILUGAR
ANTIMAKÓM
מקום-אנטי

באיכות חומרים עם בזמן שנבנתה, מזווייפת מרפסת או הזו המרפסת
על שעות מבלה אני .נצחית לטאה בהיותי זמן ובאותו ,במוכה
רחוק שנמצא מה זה, ' מה בלי ' על מסתכל ותמיד ישנה כורסה
נקיים שמיים-עז חולך-כחול צבע עם טמאוליפס שמי מן, מעיני
.אווירוניים ולא עננים ללא

נשכחת בארץ כאן ,פעם מדי דממה את שבור שלי התרגול רק
,מה בלי מלך,אבק מלכות מלך הוא .'תרגול'- עברית שם לו ונתתי
של אח הוא .בקלות דוהה שלא צבע הוא,שלו אדום צבע, שלו צבע
המקסיקני הגעש.
!!! נימנותי סלומון היה,,, !! לתרנגו שיר ,,,,יאללה,,,,יאללה

ANTILUGAR
ANTIMAKÓM

hamirpéset hazot o mirpéset mezuyéfet,shenivnetáh
bazmán im jomarím beikót nemujá. ubeotó zman bihyotí
letá'ah nizjít,aní mevalé shaót kursá yeshaná vetamíd

mistakél al blimáh, ze ma shenimzá rajók meinái . min shméi tamaulipas im zéba kajól-kajól az. shamáim nekiím leló ananím veló avironím.

rrak hatarnegól shelí shavúr et d'mamá midéi pá'am,kán be'érez nishkájat ve'natáti lo shem ibrí -'tarnegol', veú mélej malkút avák, mélej bli-má. zéba sheló,zéba adóm sheló ú zéba sheló dójej bekalút. hú aj shel hashémesh hameksikáni !

ya'álah,,, ya'álah,,,,!!! shír tarnegól !!
jeyé salomon nimnutí !!!!!!

NACÍA UN POEMA EN AUSTIN
NOLDÁ SHIRÁ AJÁT BE'OSTIN
באוסטין אחת שירה נולדה

מלאים אלון עצי על עלתה והיא באוסטין אחת שירה נולדה
קסם ובמילת ברצון סנאי קולות כאילו שהם באצילות.
קטנים והנהרים משוררים קהילת אחרי ריגלה השירה,,למעלה שם
החורף עונת של הלבנים (פתיתים).
היא עץ כתר מן. כנפיים לה וגדלו אחרות שירות על ידעה השירה
שלג שפירתא את ולגלות במרחק לעוף שחררה.

NACÍA UN POEMA EN AUSTIN
NOLDÁ SHIRÁ AJÁT BE'OSTIN

noldá shirá aját beostín veí altá al etzéi alón m'leím
beatzilút,shejém kílu kolót snaí, berratzon ubmilát késem.
sham lemála,hashirá rriguéla ajaréi k'hilat meshorrím
veharím ktaním halbaním shel onát hajóref.hashirá
yad'aáh al shirót ajérot gadlú la knapáim. min kéter ez hí
shi'jráh laúf bemerják ulegalót et shapírta shéleg.

R
U
S
O

LA COPITA PATRIARCAL
Патриархальная самогонка
Traducción del Esperanto al ruso de
Anatolo Goncharov

Дон Патриций изготовлял особый прозрачный ликер похожий на текилу (мексиканская водка).

Ее пьют медленно из маленьких стаканчиков в спокойные часы сумерек. Это питье будоражит и успокаивает одновременно.

Однажды Дон Патриций, трое сыновей и три дочери посетили небольшую хижину Дофия Бланка по случаю смерти и похорон какой-то общей родственницы из Пасо-дель-Мачо.
Они прибыли на своем огромном стареньком грузовике, предназначенном для перевозки скота, с высокими бортами и кузовом обширной вместимости. Наверху разместились пятеро детей, некоторые из них смело, и ловко сидели на подпрыгивающих бортах кузова. Семья патриарха везла с собой большое ведро до верха наполненное тамалесами (печёные пирожки с

мясом, в этот раз свиным, и приправами).

В Веракруцо даже смерть может быть поводом для праздника с хорошим застольем.

Дон Патриций показал мне монету, которую он нашел в своем поместье: вызывающий уважение, большой и красивый американский полудоллар 1932 года. Наверно какой-то янки был там и оставил этот сувенир.

Эта монета напомнила мне гангстерскую атмосферу криминальных романов
   Dashiell Hammett...

Дон Патчио был один из немногих Мексиканцев, которые критиковали только что закончившуюся войну в Персидском заливе. Для него война представляла империалистические интересы США.

Патриарх и его шесть потомков переночевали у нас. Это, казалось бы, было невозможно, так как небольшая хижина была переполнена людьми и, видимо, последнее свободное пространство занял какой-то бродяга янки. Однако не стоит недооценивать способность мексиканцев использовать имеющиеся площади: нашлось таки спальное место для каждого либо на полу, либо в каком-либо углу.

Один из сыновей Дона Патриция учился в католической семинарии: в данный момент он наслаждался небольшими каникулами. Он изучал несколько языков: греческий, латынь и английский – но фактически он владел только испанским языком. Я не католик, проучившись лишь несколько лет в католической гимназии, но я понял что я участвовал с этим парнем в общем формирование наших личностей и нашей культуры. Ведь я, в течение долгих университетских лет окунался в те же самые классические источники и традиции. Наши беседы длились многими часам по вечерам и ночью. Однажды утром я невольно подслушал неожиданный комментарий, что якобы янки и семинарист нашли очень хорошее взаимопонимание:"Hablaron en ingles? "

(Толи на английском они разговаривают?) Фактически это не так, просто общие традиции означают общий язык.

Ранчо Дона Патрция (1991)

Дон Патриций был сильным человеком и , несмотря на свои 70 лет, имел хорошее здоровьем. Он владел поместьем с крупным рогатым скотом и лошадьми, красивым домом большой площади, где было много комнат.
Имел он также много детей в разных местах округи. Этот патриарх являлся представителем процветающих средних слоев населения, существующих за счет благонравия, успешной работы и экономии, а также как результат благоприятных условий созданных Мексиканской Революцией.

Вместе с ним жили три дочери и три сына, все от одной матери, его второй официальрой жены. Другие его потомки, официальные и неофициальные, живут в разных местах этого региона. Некоторые из его детей, например Ксавирт и Анжела, временно отсутствовали, они находились на учебе.

Одна из дочерей на ранчо патриарха, 20-летняя Мария, была очень красива с отличной коричневой кожей, хорошим телом и приятным лицом.

Майл очень любил ее. Поэтому он часто приходил со своей гитарой петь для нее, и вся ребятня усаживалась вокруг чтобы послушать.
Недалеко от дома Дона Патриция – фактически лишь по другую сторону шоссе – уже в течении пяти лет строилась из массивных серых блоков огромная церковь. Сейчас это строительство почти закончено. С одной стороны церкви была пристроена специальная комната вне церковного хозяйства, у которой ещё не было крыши.
Как пояснил мне Дон Патриций эта комната была предназначена для ночных певцов, которые будут там собираться после полуночи чтобы петь "очень красивые песни навеяные ангелами". Эти красивые и загадочные песни были из "древнейших времен, еще до прихода Христа".
Строительством этой церкви в честь Бога, его ангелов и святых, управлял родной брат Дона Патриция.

Ужас лошадиной скачки

Несколько дней спустя после моего падения с лошади, я сидел в освежающей тени возле магазина Дофты Тела. Туда же подошел индеец Антоний. Мои ранки были еще "свежы", и эта "свежесть" привлекала мух.

"Ves, las moscas son bien cabronas." (смотри, какие наглые мухи), заметил Антоний, улыбнувшись до ушей, обнажив при этом свои желтые изношенные зубы, saben donde está la sangre (они чуют где

кровушкой поживиться).
Упасть с лощади в мексиканском поместье – это значит приобрести отличный жизненный опыт, несмотря на боль и соответствующие неудобства. Это при том, разумеется, что не ломают себе кости или череп, не страдают от сильных ран или ушибов. Этим падением, прикасаясь к смерти, приобретают не только новое осмысление жизни – упасть со скачущей галопом лошади особенно опасно для неопытного наездника – но и близкое

знакомство с мексиканскими обычаями и фольклёром.

Пока врач поместья – женщина с добрым сердцем и полная любви – чистила мои ранки и накладывала антибиотики, стайка молодых 15-20-летних вакеров – ребята в основном из рабочего класса – сидела на корточках со всех сторон, и с самым большим интересом и любопытством наблюдала за операцией.

На следующий день многие из них поодиночке поздравляли меня с удачным спасением от когтей смерти; по их словам я должен благодарить Бога если я верю в Него. Несколько парней с энтузиазмом рассказывали о своем падении с осла или мула во время, полного приключений, подросткового периода – это ведь отличная, и даже обязательная подготовительная ступенька чтобы стать опытным мужиком.

Однажды ночью во время сна в Пасо-дель-Мачо я увидел ужасный кощмарный сон: я снова скачу на лошади которая полным галопом начала рваться вперед; все это я переживал как бы в реальности.

Я теряю контроль, падаю с лошади, и в этот раз

мое падение оказалось роковым и, ударившись о скалу, мой череп раскалывается....

Я понимаю что это смерть, что это последний момент моей жизни, все исчезает в пустоту черной ночи. В этот момент я закричал "HELP" (помогите) на своем родном языке, закричал так громко, что разбудил добрую половина семьи.
Хорошо что среди проснувшихся была Ла Монерита, семейный лингвист.
Я и сам, полный ужаса, тотчас же проснулся. Я не помнил что именно я кричал. Это сказала мне Ла Монерита, доказав этим ценность своих лингвистических познаний, хотя, в общем-то, очень поверхностных. Она не только сказала мне какое слово я прокричал, но и смогла перевести это слово
другим проснувшимся членам семьи, для которых шла речь лишь о совсем непонятном иностранном слове.
На следующий день я выглядел напуганным и мрачным. Мои нервы были еще напряжены.

И все из-за этого ужасного кошмарного сна.

Однако если Ла Моренита была одарена по своему, то Дона Бланка владела искусством врачевания.

Когда я потерянно сидел, она вдруг быстро приблизилась ко мне и очень громко крикнула "прочь демоны страха!" После этого приказа мои нервы быстро пришли в порядок, и меня перестали мучить

остатки этого кошмара.
(Продолжение следует)

CHINO

LEYENDO EL LIBRO DE GÉNESIS EN CHINO
初读《创世纪》中文版

借助这本书

借助半图案半文字的象形语言

我走进天堂

在最遥远的日子

走进第一个乐园

那里　那些符号漂悬

在最初的时光

随着芬芳的微风

轻柔摇摆

我漫步路过

生命曙光的树林

它们所有的叶子都是精巧的符号

这些符号　半文字半图案

本身就是鲜活的眼睛

光芒四射而智慧

就用那些符号　上帝创造了世界

亚当给万物命名

那些符号的印记

留在远古的粘土之上

而粘土又化为石头

这些印记便成了第一个记忆

——２０１１,得克萨斯州爱丁堡

LOS BALCONES DE MATAMOROS

马塔莫罗斯的露台

向它们致敬

那些忧郁而破旧的露台

伫立在某个遗忘的傍晚

这里是马塔莫罗斯城

边境的女王

向那些灰色的遗忘的露台致敬

在它们的上面挂着忧伤

古老的时光在窥视

忘掉羞耻墙

忘掉动物般的人们和阴霾

让你的想象起飞

就像鸽子飞翔在棕榈叶之上

它们是南方的太阳

垂死前光芒的镜子

哦　飞向伊斯坦布尔

在沉沦之日

那里的露台也忧郁

——２０１１-０６,墨西哥马塔莫罗斯

Esperantista kulturdomo
"D-ro Ivan Kirĉev"
Razgrad

premias

Peter Browne

Usono

kiu gajnis premion *trian*
en la literatura konkurso *EKRA*
sub la aŭspicio de
Kooperativo de Literatura Foiro.

10.06.2011

Ivanička Maĝarova
Prezidanto

ESTIMATA s-ro /ino/..*Browne*..

Je la nomo de Esperantista domo pri kulturo "D-ro IvanKirĉev"Razgrad Bulgario, organizantoj de EKRA-11 akceptu nian dankon kaj bondezirojn pri via partopreno en la literatura konkurso "Abritus" por originalu Esperantista poezio kaj humurajoj. La ĵurio konsistanta el: Prezidanto – s-ro Ljubomir Trifonĉovski – ĉefredaktoro de revuo "Literatura foiro" kaj membroj : s-ino Dimitrinka Kateva – instruistino pri Esperanto el ur. Razgrad kaj Ivaniĉka Maĝarova – prerzidanto de EDK, aljuĝis jenajn premiojn:

POR POEZIO:
GRANDA PREMIO al: Nikolino ROSSI / Italio/ por ciklo versaĵo "Oldulaj memoroj"

UNUA PREMIO al: Gabriel MORA I ARANA /Hispanio/ por "La fonto"- versaĵo
DUAJ PREMIOJ al: D-ro Karmel MALLIA /Maltio/por versaĵo "Mi foriris"kaj Dimitrie JANAĈIĈ /Serbio/ por versaĵo "La libroj"

TRIAJ PREMIOJ al: Lenke SZASZ / Romanio/ por versaĵo "Falanta folio" Peter BROWNE / Usono/ por versaĵo "La balkonoj de Matamoros"kaj Fridman BARRY/ Usono/ por versaĵo "Ĉi tio estas mia Usono"
STIMULA PREMIO al: Daniela UNGUREAN / Romanio/ por versaĵo "Juneco flue ", Fisuş Simona GEORGIANA / Romanio/ por versaĵo "Vorta tordo"kaj Nelly HOLEVITĈ / Niderlando/ por versaĵo "Malgrau la neado"

POR HUMURAJOJ:
UNUA, DUA KAJ TRIA : la ĵurio ne aljuĝis premion
STIMULA PREMIO al Radka STOJANOVA / Bulgario/ por miniaturoj "Stranga songo"

Sincere mi gratulas vin, okaze de via premio kaj esperas, ke unkau en la estonteco vi volonte partoprenos en nia literatura konkurso.

Tutkore ni deziras al vi firman sanon, bonfarton kaj kreajn prosperojn

PREZIDANTO:
/Iv. Maĝarova/

La 10an de junio 2011
Razgrad, Bulgario

ÍNDICE

PRÓLOGO ———————————————————————9

INGLÉS:
CÓMO ME HICE POLÍGLOTA ———————————15
A UN TAL LUGAR
THAT KIND OF PLACE ——————————————————18
PRIMAVERA COMPOSTELANA
COMPOSTELA SPRINGTIME ————————————19
LA NUEVA INGLATERRA
NEW ENGLAND ——————————————————————20
HIJO DE LA NOCHE
CHILD OF THE NIGHT ———————————————21
EL CAMINO HACIA ZACATECAS
THE ROAD TO ZACATECAS: ————————————22
EL BOSQUESILLO ESPINOSO
THE THORNBRUSH ———————————————————23
LOS GUERREROS JAGUAR
THE JAGUAR WARRIORS ——————————————24
OOTHECA
OOTHECA ——————————————————————————25

INDONESIO:
CÓMO ME HICE POLÍGLOTA ———————————29
PRIMAVERA COMPOSTELANA
MUSIM SEMI COMPOSTELA ————————————32
A UN TAL LUGAR
TEMPAT SEPERTI ITU ————————————————33

HÚNGARO:
CÓMO ME HICE POLÍGLOTA ———————————37
A UN TAL LUGAR
AZ OLYAN HELY ————————————————————40
ODA A MARCIAL ————————————————————41

ESPAÑOL:
OH IDIOMA: MI IDIOMA —————————————— 45
EL PARAÍSO ENTRÓ EN UN AULA —————————— 47
OOTHECA ———————————————————— 48
BANDIDO ———————————————————— 49

LATÍN:
OH IDIOMA: MI IDIOMA
O LINGUA! LINGUA MEA —————————————— 53
MUÑECA ANACRÓNICA ————————————— 55
EXPERRECTUS COMPOSTELANI
PRIMAVERA COMPOSTELANA ————————————— 56
ODA A MARCIAL
ODA A MARTIALEM —————————————— 57
COMMODUS
COMMODUS —————————————————— 58
ADRIANO
HADRIANUS ——————————————————— 59

ESPERANTO:
LOS BALCONES DE MATAMOROS
LA BALKONOJ DE MATAMOROS —————————— 63
ÚLTIMAS PALABRA PARA MI PADRE
LASTAJ VORTOJ AL LA PATRO —————————— 64
PALABRAS ANTIGUAS EN NÁHUATL
OLDAJ VORTOJ EN NAHUATL —————————— 66
LOS FANTASMAS MEDIEVALES
LA MEZEPOKAJ FANTOMOJ ——————————— 67
LENGUA LATINA: OH IDIOMA, MI IDIOMA
LINGVO LATINA: HO LINGVO, LINGVO PLEJE MIA —— 69
AL LEER EL LIBRO DE GÉNESIS EN CHINO
EKLEGANTE LA LIBRON DE GENEZO EN LA CXINA — 71

HOLANDÉS:
AL LEER EL LIBRO DE GÉNESIS EN CHINO

TOEN IK HET BOEK GENESIS IN 'T CHINEES GING LEZEN - 75
IDIOMA EL LATÍN
HET LATIJN —————————————————————— 77

FRANCÉS
ODA A MARCIAL
ODA A MARCIAL ——————————————————— 81
MUÑECA ANACRÓNICA
MUNECA ANACRONICA —————————————— 83

CATALÁN:
EL MURO DE LA VERGÜENZA
EL MUR DE LA VERGONYA ——————————— 87
LOS BALCONES DE MATAMOROS
ELS BALCONS DE MATAMOROS ——————— 95
EL PARAÍSO ENTRÓ EN LA CLASE
EL PARADÍS HA ENTRAT EN UNA CLASSE ——— 96

PORTUGUÉS:
EL MURO DE LA VERGÜENZA
O MURO DA VERGONHA ——————————— 99
AL LEER EL LIBRO DE GÉNESIS EN CHINO
LENDO O LIVRO DO GÉNESIS EN CHINÊS ——— 107

GALLEGO:
EL SENDERO DE LOS CARACOLES GRANDES
O VIEIRO DOS CASCAROLOS GRANDES ————— 111
GALICIA, ESPAÑA
GALICIA, ESPAÑA ——————————————— 113
SERÉ ADOQUÍN
SEREI LASTRA ———————————————— 115

CHECOSLOVACO:
BOSQUEJOS NORTEAMERICANOS

AMERICKÝ NÁÈRTNÍK ——————————————119

FILANDÉS:
TU ROSTRO, CINCELADO DE LOS ANTIGUOS DÍAS
KASVOSI, ANTIIKIN PÄIVISTÄ VEISTETYT —————139
BANDIDO
ROSVO ——————————————————————140

NÁHUATL:
HOMBRECIERVO
TLACATL MAZATL ——————————————145
LOS GUERREROS JAGUAR
IN TEYAOTLAMEH OCELOTL ————————————147
CINCO CHAMUQUITOS
MACUILLI TECELOPILMEH ————————————149
TORRES Y BUITRES
TEOCALMEH IHUAN TZOPILOMEH ———————150
MENSAJE PARA EL MURO
AMATLACUILOLLI NIC IN CHINAMITL————————151

ALBANO:
TIERRA DE NADIE
VENDI I ASKUJ ————————————————155
UN EDIFICIO
NJË NGREHINË ————————————————157
COMMODUS
COMMODUS ——————————————————159
ADRIANO
ADRIANO ——————————————————160

ALEMÁN:
BANDIDO
BANDIT ————————————————————163
ODA A MARCIAL
ODE AN MARTIAL————————————————165

HOMBRE LIEBRE
HASENMENSCH ———————————————167

ISLANDÉS:
HUYENDO DE LLUVIAS Y RATAS ————————171

VOLAPÜK:
ADRIANO
LAMPÖR, HADRIANUS' ———————————177

IDO:
A OSAMA
A OSAMA ——————————————————181
BANDIDO
BANDITO ———————————————————182
TUA VIZAJO, CIZELITA EK L'ANTIQUA DII
TU ROSTRO, CINCELADO DE LOS ANTIGUOS DÍAS_183

FONÉTICA PIN YIN:
PERDIDO EN MONTERREY
PERDITE EN LA SINO DE MONTERREY
DÙN XÍNG ZÀI MÉNG TÈ LÉI DE HUÁI BÀO ————187
SER POETA
ESTI POETO
ZUÒ GÈ SHÎ RÉN ——————————————189
HOMBRE LIEBRE
LEPORHOMO
TÙ RÉN ——————————————————190
CAMPAMOCHA
MANTO
TÁNG LÁNG ————————————————191
POCHITOLANDIA
POCXITOLANDO
BÔ QÍ TUÔ LÁN DUÔ ————————————193

HORROR EN CANCÚN
HORORO EN KANKUN
KÍN KÛN DE KÑNG BÙ —————————————194

HEBREO:
LA BIBLIOTECA
HA SUFRIÀ ————————————————199
LOS GUARDIAS FRONTERIZOS
SHOMRRÉI GUEBULÓT ——————————————201
ANTILUGAR
ANTIMAKÓM ————————————————202
NACÍA UN POEMA EN AUSTIN
NOLDÁ SHIRÁ AJÁT BE'OSTIN ———————————204

RUSO:
LA COPITA PATRIARCAL—————————————209

CHINO:
LEYENDO EL LIBRO DE GÉNESIS EN CHINO ————221
LOS BALCONES DE MATAMOROS ————————223

DIPLOMA, PREMIO Y RECONOCIMIENTO AL Dr. PETER E. BROWNE POR LA COMUNIDAD INTERNACIONAL ESPERANTISTA——————————————225

Esta
edición consta
de un tiraje de 200 ejemplares
más sobrantes de reposición.
La impresión de la presente obra se
terminó en Noviembre de 2012 y fue
preparada, formateada e impresa
en los talleres de:

2023 Suaze
Edinburg, Tx. 78541

Queda prohibida la reproducción,
publicación, copia y distribución de esta
obra y por cualquier medio impreso,
radial, electrónico cibernético
sin la autorización expresa
y por escrito del autor
y la casa
editorial.

ISBN: 978-1-934802-22-9

(c) (2012) by **EDITORA CAMPAMOCHA**